DÉVELOPPE TON CHARISME

ET DEVIENT LE MAITRE DU MOMENT.

Introduction

Le charisme, cet enchantement mystérieux qui attire et captive, n'est pas simplement un atout, mais plutôt la clé qui ouvre les portes de l'impact et de l'influence. Imagine un monde où chaque interaction devient une opportunité de briller, où la confiance en soi et la maîtrise du moment fusionnent pour créer une expérience inoubliable. Prépare-toi à explorer ce territoire enchanteur, où chaque pas te rapproche de devenir le maître du moment, un artiste de la présence, capable de laisser une empreinte durable dans le cœur de ceux qui croisent ton chemin. Bienvenue dans cette aventure où le charisme n'est pas seulement un trait de personnalité, mais un mode de vie qui transforme chaque instant ordinaire en une scène extraordinaire.

Ce livre n'est pas simplement une lecture, c'est une invitation à une transformation radicale de ta vie. Notre objectif est clair : libérer le potentiel charismatique qui sommeille en toi et te propulser vers des sommets d'influence et de réussite. En te plongeant dans les pages de "Développe ton Charisme et Deviens Maître du Moment", tu t'engages dans un voyage personnel où chaque conseil, chaque exercice, est conçu pour te propulser vers une version plus confiante, charismatique, et maîtresse de chaque moment. Imagine une vie où tu peux laisser une impression marquante dans chaque interaction, où la confiance en soi n'est pas un luxe, mais une nécessité. Ce livre est bien plus qu'un guide, il est le catalyseur de ta métamorphose vers un individu charismatique et puissant. Prépare-toi à conquérir chaque situation avec un charisme éblouissant, car ce livre est ta clé pour devenir le maître du moment.

Chapitre 1 : Comprendre le Charisme

1- Définition du charisme et ses composants.

Bienvenue dans le chapitre fondateur de notre aventure charismatique, où nous plongeons au cœur même de l'essence du charisme et dévoilons ses composants secrets. Le charisme, c'est bien plus qu'une qualité; c'est un phénomène magnétique qui attire les regards et capture les cœurs. Imagine-le comme la force invisible qui donne à chaque mot, geste et regard une puissance captivante.

Le charisme tire sa source de la confiance en soi inébranlable, la première pierre de notre édifice charismatique. Imaginez-vous debout, sûr de vous, prêt à affronter le monde avec une assurance qui se communique sans effort. C'est cette confiance qui éclaire votre chemin et attire les autres vers vous.

La communication, un autre pilier du charisme, est comme une danse subtile entre les mots et les silences. C'est l'art de transmettre des idées avec éloquence, d'écouter avec empathie, et de laisser une empreinte mémorable dans chaque échange. Pensez à ces orateurs magnétiques dont chaque mot semble peser son poids en or-c'est là la magie de la communication charismatique.

Le langage corporel, notre troisième composant, est la danse silencieuse qui accompagne nos paroles. Une posture assurée, des gestes mesurés, un contact visuel sincère – ce sont les éléments qui amplifient le message que vous communiquez au monde. Le langage corporel charismatique est une symphonie visuelle qui enchante ceux qui vous entourent.

Ensemble, ces composants forment une alchimie irrésistible, transformant chaque interaction en un moment charismatique. À travers ce chapitre, nous t'invitons à intégrer ces éléments dans ta propre existence, à devenir le maître de ton charisme. Prépare-toi à embrasser la confiance, à maîtriser la communication et à affiner ton langage corporel, car le charisme t'attend au tournant de chaque page.

2- L'impact du charisme dans la vie quotidienne et professionnelle.

Le charisme, ce n'est pas seulement une qualité agréable à avoir; c'est une force puissante qui peut transformer radicalement ta vie, que ce soit dans les moments quotidiens ou dans le cadre professionnel. Imagine un quotidien où chaque interaction devient une opportunité de laisser une impression durable, où tes relations s'épanouissent et où tu deviens l'architecte de ton propre succès.

Dans la vie quotidienne, le charisme est comme une baguette magique qui éclaire les journées les plus ordinaires. Il crée une aura de positivité qui se propage dans ton entourage, transformant des moments banals en souvenirs mémorables. Les rencontres informelles deviennent des opportunités d'inspirer et d'influencer positivement, car ton charisme rayonne à travers chaque sourire, chaque geste attentionné.

Passons maintenant à la sphère professionnelle, où le charisme se révèle être un atout inestimable. Imaginez-vous marchant dans une salle de réunion avec une présence qui captive instantanément. Le charisme professionnel est la clé qui ouvre des portes, qui transforme des réunions en collaborations fructueuses. Les leaders charismatiques inspirent la confiance de leur équipe, créant un environnement où l'innovation et la productivité prospèrent.

En outre, le charisme est le ciment des relations professionnelles solides. Que ce soit lors d'un entretien d'embauche, d'une négociation importante, ou même lors d'une simple conversation à la machine à café, le charisme tisse des liens significatifs qui peuvent façonner l'ensemble de votre carrière.

Ainsi, dans tous les aspects de la vie, du quotidien professionnel aux moments personnels, le charisme est bien plus qu'une qualité, c'est une clé qui ouvre des portes et crée des opportunités infinies. Ce chapitre t'invite à embrasser cette force magnétique et à en faire un allié incontournable dans ta vie quotidienne et professionnelle. Prépare-toi à découvrir comment le charisme peut devenir ton atout maître, propulsant chaque aspect de ta vie vers de nouveaux sommets.

Chapitre 2 : Les Fondements du Charisme

1- Confiance en soi et estime de soi.

Imagine un monde où tu te tiens debout, non pas en dépit de tes imperfections, mais en célébrant chaque facette de qui tu es. C'est là que commence le véritable voyage vers le charisme, une aventure intérieure qui transforme chaque interaction en une expérience mémorable.

La confiance en soi est la clé qui déverrouille la porte du charisme. Lorsque tu crois en tes compétences et en ta valeur, cela se manifeste dans chaque geste, chaque parole. C'est une énergie contagieuse qui se propage à ceux qui t'entourent, les inspirant à te suivre avec admiration. Imagine l'impact lorsque tu entres dans une pièce avec cette confiance éclatante, prêt à conquérir non seulement tes propres défis, mais aussi à encourager les autres à faire de même.

L'estime de soi, ton propre fan club intérieur, est l'alliée silencieuse qui te rappelle que tu mérites le succès, le bonheur et l'amour. C'est le fondement sur lequel repose ta force intérieure, te permettant de résister aux tempêtes de la vie avec grâce. Lorsque tu te vois avec tendresse et respect, cela se reflète dans chaque relation, chaque interaction, faisant de toi un aimant à positivité.

Ensemble, la confiance en soi et l'estime de soi sont les pierres angulaires du charisme authentique. Ce chapitre t'invite à embrasser ces fondements, à les cultiver avec soin et à les intégrer dans ton quotidien. Prépare-toi à découvrir la puissance transformante de t'aimer et de croire en toi-même, car la confiance en soi et l'estime de soi ne sont pas seulement des aspects du charisme, mais les racines profondes qui alimentent son essor irrésistible. La scène est prête, et c'est ton moment de briller.

2- Communication efficace.

Imagine un monde où chaque conversation devient une opportunité de créer des connexions puissantes, où tes paroles résonnent avec impact et laissent une empreinte inoubliable.

La communication charismatique est bien plus qu'un simple échange de mots; c'est une danse entre l'éloquence et l'authenticité. Imagine la puissance de pouvoir exprimer tes idées avec clarté et conviction, captivant ton auditoire à chaque mot prononcé. C'est cette habileté qui fait de toi un narrateur captivant, capable de peindre des images vivantes avec tes paroles.

L'écoute active, une pièce maîtresse de la communication charismatique, transforme chaque interaction en une expérience partagée. Imagine le pouvoir de vraiment entendre et comprendre les autres, de créer un espace où chaque voix est valorisée. C'est cette connexion profonde qui établit des ponts entre les personnes, créant des relations authentiques et durables.

Le langage non verbal, le troisième protagoniste de cette aventure communicationnelle, est une toile silencieuse sur laquelle tu peins tes émotions. Imagine la capacité de contrôler ton langage corporel pour transmettre confiance, empathie et ouverture. C'est cette synchronisation entre tes paroles et tes gestes qui crée une communication authentique et mémorable.

Ce chapitre t'invite à devenir le chef d'orchestre de ta propre communication charismatique, à maîtriser l'art de parler et d'écouter avec impact. Prépare-toi à découvrir comment chaque conversation peut devenir une opportunité de briller, comment tes paroles peuvent influencer positivement et comment tu peux devenir un maître dans l'art de communiquer avec charisme. La scène est à toi, et chaque mot que tu choisis devient une note puissante dans la symphonie de ton charisme grandissant.

3- Langage corporel puissant.

Chaque geste, chaque posture, devient une expression vibrante de confiance et d'authenticité, captivant ceux qui te regardent et laissant une empreinte indélébile.

Le langage corporel charismatique est comme une chorégraphie soigneusement orchestrée, où chaque mouvement est une note dans la symphonie de ta présence. Imagine la puissance de pouvoir occuper l'espace avec assurance, de marcher avec une démarche assurée qui communique non seulement ta destination, mais aussi ta détermination. C'est cette fusion harmonieuse entre le physique et le mental qui crée une aura magnétique.

Le contact visuel, une pièce maîtresse du langage corporel puissant, est le regard qui transmet la confiance, l'empathie et la connexion. Imagine la capacité de regarder quelqu'un droit dans les yeux, de manière chaleureuse et assurée, créant une connexion instantanée et authentique. C'est ce regard qui témoigne de ta présence, de ton écoute attentive et de ton engagement total dans chaque interaction.

La gestuelle, une danse subtile des mains et des bras, est l'expression visuelle de tes émotions et de tes intentions. Imagine la puissance de pouvoir utiliser tes gestes pour renforcer tes mots, pour rendre ton discours plus vivant et impactant. C'est cette synchronisation entre le verbal et le non verbal qui crée une communication holistique et charismatique.

Deviens le chorégraphe de ton langage corporel, et maîtrise l'art de la présence physique qui communique bien plus que les mots seuls. Découvrons ensemble comment chaque mouvement peut être une déclaration, comment chaque regard peut être un lien, et comment ton langage corporel peut être la clé pour déverrouiller des portes dans ta quête vers un charisme inébranlable. La scène est à toi, et chaque geste que tu choisis devient une expression puissante de qui tu es et de qui tu veux devenir.

Chapitre 3 : Développer la Confiance en Soi

1- Techniques pour renforcer la confiance en soi.

Bienvenue dans le chapitre dédié à l'édification de ta forteresse intérieure, là où nous explorerons des techniques puissantes pour renforcer ta confiance en soi, l'ingrédient magique qui alimente le charisme. Imagine un monde où chaque défi devient une opportunité de croissance, où tu te tiens fort et assuré face aux défis de la vie. Grâce à ces techniques, tu peux bâtir une confiance en toi inébranlable qui t'accompagnera dans chaque aspect de ta vie.

Premièrement, la puissance de la pensée positive est une arme formidable dans la construction de la confiance. Visualise le pouvoir de changer les pensées auto-dépréciatives en affirmations positives. En remplaçant les doutes par des pensées constructives, tu créeras un terrain mental propice à la confiance en soi, transformant la manière dont tu te perçois et comment tu abordes les défis.

La visualisation est une technique magistrale qui te permet de créer une réalité mentale de succès. Imagine-toi atteignant tes objectifs avec une clarté saisissante.

Respire le succès, ressens la victoire. Cette pratique renforce tes convictions, créant un chemin mental vers la confiance en soi. En visualisant le succès, tu te prépares mentalement à le vivre dans la réalité.

La prise de risque contrôlée est une stratégie audacieuse pour développer la confiance en soi. Imagine la sensation libératrice de sortir de ta zone de confort. En relevant des défis apparemment insurmontables, tu découvriras des réserves de courage que tu ne connaissais pas. Chaque petit pas en territoire inconnu te rapproche de la confiance en soi, élargissant tes horizons personnels et professionnels.

Les accomplissements deviennent des pierres précieuses dans la construction de ta confiance en soi. Imagine la force que tu ressens en dressant une liste de tes succès, aussi modestes soient-ils. En revisitant régulièrement ces accomplissements, tu te rappelles constamment de ta capacité à surmonter les obstacles, renforçant ainsi ta confiance en toi pour les défis futurs.

L'apprentissage continu est une technique dynamique pour renforcer la confiance en soi. Imagine le pouvoir de l'éducation et du développement personnel. À chaque nouvelle compétence acquise, à chaque nouvelle connaissance assimilée, tu deviens un expert en expansion constante. Cette croissance personnelle constante alimente une confiance en soi robuste et adaptable.

Cultiver une attitude d'acceptation envers soi-même est une technique libératrice. Imagine embrasser tes imperfections avec bienveillance. En acceptant et en appréciant chaque facette de ta personne, tu construis une base solide de confiance en soi. L'acceptation de soi est la première étape vers l'amour de soi, une qualité magnétique qui attire les autres vers toi.

En conclusion, ces techniques ne sont pas simplement des outils, mais des joyaux qui, une fois intégrés dans ta vie quotidienne, formeront une constellation éclatante de confiance en soi. Embrase chaque jour avec la certitude que tu es capable de surmonter tout obstacle, à devenir le maître de ta propre confiance et à rayonner un charisme qui influencera positivement chaque aspect de ta vie. La scène est à toi, et chaque technique que tu maîtrises devient un pas de danse dans la symphonie grandissante de ta confiance en toi.

2- Surmonter les obstacles à la confiance en soi.

Imagine un monde où chaque obstacle devient une opportunité de croissance, où tu te libères des chaînes de l'auto-doute pour révéler une confiance en soi inébranlable. Avec ces stratégies, tu peux transformer chaque défi en une pierre de plus dans la construction de ta forteresse intérieure.

Les critiques, internes et externes, peuvent être des adversaires redoutables pour la confiance en soi. Imagine le pouvoir de convertir les critiques en opportunités d'apprentissage. Plutôt que de te laisser abattre par les commentaires négatifs, utilise-les comme des miroirs réfléchissants qui te montrent où tu peux grandir. Transforme chaque critique en un élan vers l'amélioration personnelle, renforçant ainsi ta confiance en toi-même.

La comparaison constante avec les autres peut être un obstacle majeur à la confiance en soi. Imagine l'énergie libérée en embrassant ta singularité. Au lieu de te mesurer constamment aux autres, concentre-toi sur tes propres succès, sur ta propre croissance. La célébration de tes accomplissements uniques t'apporte une confiance en soi authentique, loin des standards souvent irréalistes imposés par la comparaison.

Les échecs passés peuvent hantés comme des spectres, sabrant la confiance en soi. Imagine le pouvoir de transformer chaque échec en un tremplin vers le succès. Chaque revers peut être interprété comme une leçon précieuse, une opportunité d'apprendre et de grandir. La résilience face à l'échec alimente une confiance en soi qui résiste aux tempêtes, prête à briller de nouveau.

Les peurs, qu'elles soient rationnelles ou irrationnelles, peuvent créer des barrières massives. Imagine la libération qui découle de l'acceptation et de la confrontation de tes peurs. Plutôt que de les éviter, fais face à ces craintes avec courage. Chaque pas audacieux que tu fais vers l'inconnu renforce ta confiance en toi, élargissant ainsi tes limites perçues.

Les expériences passées de rejet peuvent créer des cicatrices émotionnelles qui entravent la confiance en soi. Imagine le pouvoir de la guérison intérieure par le pardon, pour toi-même et pour les autres. La capacité de laisser aller le poids du passé t'allège, te permettant de marcher avec une légèreté nouvelle, renforçant ta confiance en toi.

Les pensées négatives automatiques sont comme des sables mouvants, tirant vers le bas la confiance en soi. Imagine le renversement de ces pensées toxiques par des affirmations positives. En remplaçant le négatif par le positif, tu transformes ton dialogue intérieur, créant un environnement mental propice à la confiance en soi.

En conclusion, surmonter ces obstacles à la confiance en soi n'est pas seulement une quête, mais une transformation intérieure profonde. Prépare-toi à libérer la puissance de ta confiance en soi en transcendant les critiques, en embrassant ta singularité, en apprenant de chaque échec, en confrontant tes peurs, en guérissant les blessures du passé, et en transformant tes pensées. La scène est à toi, et chaque obstacle que tu surmontes devient une marche vers une confiance en soi qui résiste à toutes les tempêtes. Tu es prêt à révéler le charisme authentique qui émane d'une confiance en soi inébranlable.

Chapitre 4 : Améliorer la Communication

1- Écoute active.

L'écoute active, une compétence puissante qui peut transformer radicalement tes interactions personnelles et professionnelles. Imagine un monde où chaque conversation est une danse harmonieuse, où tu te connectes véritablement avec les autres, créant des liens authentiques et laissant une impression inoubliable. À travers ce chapitre, plongeons dans les profondeurs de l'écoute active et découvrons comment cette compétence peut devenir le catalyseur de ton charisme grandissant.

L'écoute active n'est pas simplement le fait d'entendre les mots prononcés par l'autre, mais plutôt une immersion complète dans le monde de l'autre personne. C'est un acte d'empathie profonde, où tu te mets à la place de l'autre, essayant de comprendre ses pensées, ses émotions et ses perspectives. Imagine l'impact de pouvoir véritablement comprendre les autres, de créer une connexion qui va au-delà des mots et qui transcende les barrières de la communication.

Une des clés de l'écoute active est la concentration totale sur la personne qui parle. Imagine le pouvoir de mettre de côté toutes les distractions mentales et de centrer ton attention sur la personne en face de toi. C'est cette concentration qui crée un espace sacré pour l'autre personne, lui montrant qu'elle est véritablement importante et que ses paroles sont précieuses.

Les signaux verbaux et non verbaux jouent un rôle essentiel dans l'écoute active. Imagine la puissance de décoder les nuances du langage corporel, des expressions faciales, et même des silences. C'est cette sensibilité aux signaux subtils qui te permet de comprendre les émotions non dites, d'approfondir la conversation et de montrer à l'autre personne qu'elle est entendue au-delà des mots.

Les questions ouvertes, une autre technique de l'écoute active, ouvrent la voie à des conversations plus riches. Imagine le pouvoir de poser des questions qui incitent à la réflexion, qui invitent l'autre à partager davantage. C'est cette curiosité qui montre ton intérêt sincère pour l'autre personne, créant un dialogue profond et significatif.

Résumer et reformuler les pensées de l'autre sont des compétences clés de l'écoute active. Imagine la puissance de réfléchir ce que l'autre vient de dire, montrant ainsi que tu as compris et que tu valorises ses paroles. C'est cette réflexion qui renforce la connexion, élimine les malentendus et montre à l'autre qu'il est entendu de manière précise.

L'écoute active, au-delà d'être une compétence de communication, est une démonstration de respect profond envers autrui. Imagine le pouvoir de créer un espace où chacun se sent écouté, compris et respecté. C'est cette démonstration de respect qui renforce les relations, construit la confiance et ouvre la voie à une communication authentique.

En conclusion, l'écoute active n'est pas simplement une compétence, c'est une superpuissance qui peut transformer tes interactions quotidiennes. Embrasse cette compétence comme un véritable joyau de ton arsenal charismatique. La scène est à toi, et chaque acte d'écoute active devient une symphonie qui crée des connexions significatives et qui élève ton charisme à de nouveaux sommets.

2- Expression claire et concise.

L'expression claire et concise est bien plus qu'une simple compétence linguistique; c'est un art qui transcende les mots pour atteindre le cœur de la communication. Imagine le pouvoir de transmettre tes idées de manière à la fois directe et captivante, où chaque mot compte et où aucune pensée n'est perdue dans des détails superflus. C'est cette capacité qui te permet de laisser une impression marquante, que ce soit lors d'une présentation, d'une négociation ou simplement d'une conversation quotidienne.

Au cœur de l'expression claire et concise se trouve la capacité de distiller des idées complexes en messages simples et accessibles. Imagine le pouvoir de rendre compréhensibles des concepts autrement obscurs, de manière à ce que même un auditoire non initié puisse saisir l'essence de ce que tu veux communiquer. C'est cette clarté qui te permet de transcender les barrières intellectuelles et de créer une connexion universelle à travers tes paroles.

L'importance de l'expression claire et concise s'étend également au-delà des mots eux-mêmes, englobant le langage corporel et la voix. Imagine la puissance de synchroniser tes gestes, ton regard et ton ton de voix pour renforcer le message que tu délivres verbalement. C'est cette cohérence dans l'expression qui crée une expérience immersive pour ton public, renforçant ainsi l'impact de ton discours.

La simplicité est un principe fondamental de l'expression claire et concise. Imagine le pouvoir de communiquer avec efficacité sans sacrifier la profondeur, de transmettre des idées sophistiquées d'une manière accessible à tous. C'est cette capacité à simplifier sans déformer qui te permet de transcender les obstacles de la complexité et de toucher un large public.

L'élimination des redondances et des répétitions inutiles est une autre dimension cruciale de l'expression claire et concise. Imagine le pouvoir d'élaguer chaque phrase pour en extraire l'essence, laissant un discours épuré et percutant. C'est cette économie de mots qui maintient l'attention de ton public, évitant la surcharge d'informations et favorisant une compréhension immédiate.

L'anticipation des questions et des préoccupations potentielles de ton public est également une stratégie puissante dans l'expression claire et concise. Imagine le pouvoir de répondre aux interrogations avant même qu'elles ne soient posées, montrant ainsi une maîtrise totale du sujet et renforçant la confiance de ton auditoire. C'est cette prévoyance qui témoigne d'une préparation minutieuse et qui te place en tant qu'expert crédible.

La flexibilité dans l'expression claire et concise est une qualité précieuse. Imagine le pouvoir de t'adapter à ton public, ajustant ton langage en fonction de leurs besoins et de leurs attentes. C'est cette adaptabilité qui te permet de transcender les barrières culturelles, linguistiques et générationnelles, créant une communication inclusive et engageante.

Enfin, l'expression claire et concise s'étend au-delà des discours formels pour englober les interactions quotidiennes. Imagine le pouvoir de communiquer efficacement dans des conversations informelles, d'exprimer tes pensées de manière concise sans sacrifier la chaleur humaine. C'est cette compétence qui te permet de rayonner de charisme dans chaque interaction, qu'elle soit professionnelle ou personnelle.

En conclusion, l'expression claire et concise est une compétence essentielle qui peut devenir ton alliée incontournable dans la quête du charisme et du succès. Affine cette compétence comme un artisan perfectionne son art, car chaque mot que tu choisis devient une pièce précieuse dans la construction de ton charisme.

3- Utilisation du langage non verbal.

Le langage non verbal est une symphonie subtile de gestes, d'expressions faciales, de postures et de mouvements qui enrichissent et complètent la communication verbale. Imagine le pouvoir de pouvoir lire et interpréter ces signaux invisibles, d'ajuster ton propre langage non verbal pour renforcer l'impact de tes paroles. C'est cette compréhension qui te permet de créer une communication holistique, captivante et authentique.

Le contact visuel est l'un des piliers fondamentaux du langage non verbal. Imagine le pouvoir d'un regard assuré et chaleureux qui établit une connexion instantanée avec ton interlocuteur. Le contact visuel démontre la confiance, l'engagement et l'authenticité. C'est cette fenêtre directe vers ton âme qui renforce la crédibilité de ton discours et crée une connexion profonde.

Les expressions faciales sont les pinceaux avec lesquels tu peins les émotions de ton discours. Imagine le pouvoir de synchroniser ton expression faciale avec tes paroles, créant une communication émotionnelle riche et nuancée. Une expression faciale authentique crée une connexion empathique, permettant à ton public de ressentir et de comprendre véritablement le message que tu délivres.

La gestuelle, ou l'art de parler avec les mains, est une composante dynamique du langage non verbal. Imagine le pouvoir de gesticuler avec précision pour renforcer ou illustrer tes propos. Les gestes appropriés ajoutent du dynamisme à ta communication, captivant l'attention de ton public et renforçant l'impact de tes mots.

La posture, souvent négligée mais cruciale, communique la confiance, la puissance et l'ouverture. Imagine le pouvoir de te tenir droit, les épaules en arrière, montrant ainsi une assurance intérieure. La posture ouverte crée un environnement accueillant, invitant à l'échange et à la connexion. C'est cette manifestation physique de confiance qui renforce ton charisme.

La synchronisation du langage non verbal avec le langage verbal est une stratégie de maîtrise. Imagine le pouvoir de créer une harmonie entre ce que tu dis verbalement et ce que ton corps exprime. Lorsque le langage non verbal et verbal sont alignés, tu projettes une image de cohérence et d'authenticité, renforçant ainsi la puissance de ton message.

L'espace personnel, souvent négligé mais crucial, communique le niveau de proximité et d'intimité approprié dans une interaction. Imagine le pouvoir de comprendre les nuances de la distance physique, ajustant ton espace personnel en fonction du contexte culturel et social. La gestion habile de l'espace personnel crée une atmosphère confortable, favorisant la connexion et le charisme.

La modulation vocale, bien qu'incluse dans la communication verbale, est également un élément clé du langage non verbal. Imagine le pouvoir de varier ton ton, ta vitesse et ton volume pour exprimer des nuances émotionnelles. Une modulation vocale captivante ajoute de la profondeur à ta communication, soulignant l'importance de certains points et maintenant l'attention de ton public.

Le langage non verbal transmet souvent des messages avant même que les mots ne soient prononcés. Imagine le pouvoir de créer une première impression puissante, basée sur la façon dont tu te tiens, comment tu utilises ton visage et comment tu te déplaces dans un espace. C'est cette première impression qui crée un élan initial, influençant la perception de ton charisme dès le premier contact.

Le langage non verbal est également un outil précieux pour la détection des émotions chez les autres. Imagine le pouvoir de lire les signaux émotionnels subtils dans le langage corporel des personnes avec lesquelles tu interagis. Cette compétence d'empathie te permet d'ajuster ton propre comportement en conséquence, renforçant ainsi ta connexion et ton charisme.

Dans un monde de plus en plus axé sur la communication virtuelle, la maîtrise du langage non verbal devient également cruciale dans le contexte numérique. Imagine le pouvoir de projeter une présence charismatique à travers un écran, en utilisant des gestes expressifs, des expressions faciales et une posture engageante même lors d'une réunion virtuelle. C'est cette adaptation aux nouvelles normes de communication qui te permet de maintenir un charisme fort, peu importe le canal utilisé.

En conclusion, le langage non verbal est une toile vivante qui enrichit et amplifie la communication humaine. Prépare-toi à affiner cette compétence comme un artisan sculpte son chef-d'œuvre, car chaque geste, expression faciale et posture devient une composante précieuse de ton charisme. La scène est à toi, et chaque élément du langage non verbal devient une note harmonieuse dans la symphonie captivante de ta communication.

Chapitre 5 : Maîtriser le Moment

1- Vivre le moment présent.

L'exploration profonde et enrichissante de l'art de vivre le moment présent, une pratique qui peut transformer radicalement ta vie, libérer ton charisme intérieur et t'ouvrir à une existence plus riche et plus épanouissante. Imagine un monde où tu es pleinement immergé dans chaque instant, libéré du poids du passé et des inquiétudes de l'avenir, où chaque souffle devient une expérience en soi. À travers ce chapitre, plongeons dans la sagesse ancienne et intemporelle de vivre le moment présent, découvrant comment cette pratique peut devenir le catalyseur de ton charisme grandissant.

Vivre le moment présent n'est pas simplement une notion abstraite, mais une invitation à une expérience profonde et concrète de la réalité. Imagine le pouvoir de suspendre le jugement, de laisser de côté les regrets du passé et les anxiétés de l'avenir pour être pleinement présent ici et maintenant. C'est cette capacité à immerger ton être dans l'instant présent qui te permet de goûter la plénitude de la vie à chaque étape de ton voyage.

L'importance de vivre le moment présent réside dans le fait que le passé est déjà écrit et que l'avenir est encore un mystère. Imagine le pouvoir de libérer le fardeau des erreurs passées, de la culpabilité et des regrets, pour embrasser le potentiel infini du présent. C'est cette libération qui te permet de vivre sans les chaînes du passé, prêt à créer un futur qui émerge naturellement du moment présent.

Le moment présent est la seule réalité tangible que nous ayons. Imagine le pouvoir de pleinement s'engager dans chaque tâche, chaque conversation, chaque expérience, sans être distrait par les pensées incessantes sur ce qui aurait pu être ou ce qui pourrait être. C'est cette immersion totale dans l'instant présent qui te permet de découvrir une profondeur insoupçonnée dans les aspects apparemment ordinaires de la vie.

L'anxiété de l'avenir est souvent alimentée par des inquiétudes et des projections imaginaires. Imagine le pouvoir de relâcher ces conjectures anxieuses, de laisser de côté les anticipations parfois négatives, pour accueillir l'inconnu avec ouverture et confiance. C'est cette confiance en l'évolution naturelle des choses qui te permet de vivre avec un cœur léger, prêt à accueillir chaque instant avec émerveillement.

Vivre le moment présent n'est pas un éloge de l'inaction, mais plutôt une célébration de l'action consciente. Imagine le pouvoir de prendre des décisions et d'agir à partir d'un espace de clarté mentale, d'attention et d'intention, plutôt que d'être dirigé par des pensées incessantes ou des émotions passées. C'est cette action délibérée qui te permet de façonner consciemment ta réalité à chaque instant.

La méditation et la pleine conscience sont des outils puissants pour cultiver la capacité à vivre le moment présent. Imagine le pouvoir de calmer le tumulte de l'esprit, d'observer tes pensées sans t'y accrocher, de revenir constamment à l'instant présent. C'est cette pratique régulière qui renforce la maîtrise de l'esprit, créant un espace intérieur propice à une expérience plus profonde du moment présent.

La gratitude est une porte d'entrée vers le moment présent. Imagine le pouvoir de reconnaître et de célébrer les petites joies de la vie quotidienne, de ressentir une profonde reconnaissance pour ce qui est ici et maintenant. C'est cette attitude de gratitude qui te permet de transformer chaque instant en une occasion de célébration, renforçant ainsi la beauté et la richesse de ta vie.

Vivre le moment présent ne signifie pas ignorer les leçons du passé. Imagine le pouvoir de tirer des enseignements de l'expérience passée sans rester prisonnier des regrets, de voir chaque défi comme une opportunité de croissance plutôt que comme une menace. C'est cette sagesse acquise qui te guide dans le présent, te permettant d'intégrer les leçons du passé sans être enchaîné par elles.

La pleine conscience du corps est une clé pour vivre le moment présent. Imagine le pouvoir de ressentir pleinement chaque sensation, chaque battement de cœur, chaque souffle, sans être distrait par des préoccupations mentales. C'est cette conscience corporelle qui te ramène constamment à l'instant présent, te connectant profondément à la réalité tangible de l'expérience.

Vivre le moment présent est un cadeau que tu te fais à toi-même et aux autres. Imagine le pouvoir d'être véritablement présent pour les personnes que tu rencontres, d'accorder une attention totale à chaque interaction. C'est cette présence authentique qui crée des connexions profondes, renforçant ainsi ton charisme et influençant positivement chaque relation.

L'acceptation inconditionnelle du moment présent, avec toutes ses imperfections, est une clé pour trouver la paix intérieure. Imagine le pouvoir de lâcher prise sur le besoin de contrôler chaque aspect de ta vie, de t'ouvrir à la réalité telle qu'elle est. C'est cette acceptation qui te libère du fardeau de la lutte contre ce qui est, te permettant de vivre avec grâce et équanimité.

En conclusion, vivre le moment présent est une invitation à embrasser pleinement la vie dans toute sa splendeur et sa simplicité.

2- Gestion du stress et des émotions.

L'exploration passionnante de la gestion du stress et des émotions, une compétence essentielle qui peut transformer non seulement la façon dont tu navigues dans les défis de la vie, mais aussi la manière dont tu interagis avec le monde, libérant ainsi tout ton potentiel charismatique. Imagine un monde où le stress est transformé en une force propulsive, où les émotions sont canalisées avec sagesse, créant ainsi un espace intérieur calme et résilient. Plongeons dans les profondeurs de la gestion du stress et des émotions, découvrant comment cette compétence peut devenir le socle de ton charisme grandissant.

Le stress est une réalité inévitable de la vie moderne, mais la manière dont nous y répondons peut faire toute la différence. Imagine le pouvoir de transformer le stress, souvent perçu comme un obstacle, en un catalyseur pour la croissance personnelle. C'est cette perspective transformante qui te permet de voir chaque défi comme une opportunité d'apprentissage, renforçant ainsi ta résilience face aux défis de la vie.

La première étape de la gestion du stress est la prise de conscience. Imagine le pouvoir de reconnaître les signaux du stress dans ton corps, de comprendre les pensées qui alimentent le stress, pour ainsi pouvoir agir de manière proactive. C'est cette conscience qui te donne le contrôle sur tes réponses au stress, te permettant de choisir des réactions plus calmes et réfléchies.

La respiration consciente est un outil puissant pour calmer le système nerveux et gérer le stress. Imagine le pouvoir de prendre quelques instants pour respirer profondément, pour revenir à l'instant présent et détendre le corps. C'est cette connexion à la respiration qui crée un espace intérieur de calme, te permettant de faire face aux défis avec une perspective plus claire et plus centrée.

La gestion des émotions commence par la reconnaissance et l'acceptation de celles-ci. Imagine le pouvoir de ne pas juger tes propres émotions, mais plutôt de les accueillir avec bienveillance, reconnaissant qu'elles sont une partie naturelle de l'expérience humaine. C'est cette acceptation qui te permet de transformer les émotions négatives en une source de compréhension et d'apprentissage.

La communication émotionnelle est une compétence charnière dans la gestion des émotions. Imagine le pouvoir de pouvoir exprimer tes émotions de manière claire et respectueuse, de comprendre également les émotions des autres. C'est cette communication ouverte qui construit des relations authentiques, renforçant ainsi ton charisme à travers une connexion humaine profonde.

La pratique de la gratitude est un antidote puissant au stress et aux émotions négatives. Imagine le pouvoir de focaliser ton esprit sur ce pour quoi tu es reconnaissant, même dans des moments difficiles. C'est cette perspective de gratitude qui te permet de voir la lumière même dans l'obscurité, te connectant ainsi à la beauté et à l'abondance de la vie.

La méditation est un outil profond pour la gestion du stress et des émotions. Imagine le pouvoir de cultiver un espace intérieur de paix et de calme à travers la méditation régulière, de développer une perspective détachée par rapport aux pensées et aux émotions. C'est cette pratique qui te permet d'observer les fluctuations de l'esprit sans être emporté par elles, renforçant ainsi ta stabilité émotionnelle.

La résilience émotionnelle est une qualité qui émerge de la gestion sage des émotions. Imagine le pouvoir de rebondir après les revers de la vie, de trouver la force intérieure pour faire face aux défis avec optimisme. C'est cette résilience qui te permet de rester debout, peu importe les tempêtes émotionnelles, renforçant ainsi ton charisme à travers la stabilité intérieure.

La perspective positive est une clé pour transformer le stress en croissance. Imagine le pouvoir de voir chaque défi comme une occasion d'apprendre, de grandir et de devenir plus fort. C'est cette perspective optimiste qui te permet de maintenir une énergie positive, même dans des situations difficiles, renforçant ainsi ton charisme à travers la lumière que tu irradies.

La gestion du temps est une dimension cruciale de la gestion du stress. Imagine le pouvoir de créer des priorités claires, de déléguer lorsque nécessaire, et de maintenir un équilibre sain entre travail et vie personnelle. C'est cette gestion habile du temps qui te permet de réduire le stress lié à la pression des échéances, renforçant ainsi ton bien-être général.

Le rire et l'humour sont des alliés puissants dans la gestion du stress. Imagine le pouvoir de prendre du recul, de voir l'humour même dans des situations tendues, de libérer ainsi la tension accumulée. C'est cette capacité à rire de soi-même et de la vie qui te permet de maintenir une perspective légère, renforçant ainsi ton charisme à travers une joie contagieuse.

La connexion à la nature est une ressource souvent sous-estimée dans la gestion du stress. Imagine le pouvoir de marcher dans la nature, de respirer l'air frais, de ressentir la terre sous tes pieds. C'est cette connexion à la nature qui recharge ton énergie, te ramenant à un état de calme et de vitalité.

En conclusion, la gestion du stress et des émotions est une compétence précieuse qui peut élever ton charisme à des hauteurs inattendues. Intègre ces pratiques dans ta vie quotidienne, car chaque moment où tu gères le stress avec grâce et sagesse devient une pierre précieuse dans la construction de ton charisme authentique et résilient.

3- Pratiques de pleine conscience.

Les pratiques de pleine conscience, une voie qui peut non seulement apporter la sérénité à chaque instant de ta vie, mais aussi amplifier ton charisme en éveillant ta présence authentique. Imagine un monde où tu es pleinement conscient, où chaque souffle devient une méditation, créant un espace intérieur de clarté et d'authenticité.

La pleine conscience, c'est être complètement présent, ici et maintenant. Imagine le pouvoir de libérer ton esprit des entraves du passé et des inquiétudes de l'avenir, pour être pleinement immergé dans l'instant présent. C'est cette immersion totale qui crée un espace intérieur où le charisme authentique peut s'épanouir, où chaque interaction devient une danse consciente avec la réalité.

La méditation de pleine conscience est le cœur de cette pratique. Imagine le pouvoir de t'asseoir en silence, de diriger ton attention vers ton souffle, de revenir constamment à l'instant présent. C'est cette discipline qui cultive la stabilité de l'esprit, te permettant de vivre chaque moment avec une conscience aiguisée et une présence authentique.

La pleine conscience s'étend au-delà de la méditation formelle pour englober chaque aspect de la vie quotidienne. Imagine le pouvoir de manger consciemment, de marcher consciemment, de faire chaque tâche quotidienne avec une attention totale. C'est cette application constante de la pleine conscience qui transforme chaque moment en une opportunité de pratiquer, créant ainsi une vie émaillée de présence et d'attention.

La respiration consciente est une clé majeure dans la pratique de la pleine conscience. Imagine le pouvoir de revenir à ta respiration à chaque instant, de sentir l'air entrer et sortir de tes poumons. C'est cette ancre constante à la respiration qui te ramène au moment présent, te connectant profondément à la réalité tangible de l'instant.

La pleine conscience renforce la connexion corps-esprit. Imagine le pouvoir de sentir chaque sensation dans ton corps, d'observer les pensées qui traversent ton esprit sans t'y accrocher. C'est cette conscience corporelle et mentale qui te permet de comprendre la complexité de ton être, créant ainsi un équilibre harmonieux.

La gratitude, lorsqu'elle est cultivée avec pleine conscience, devient une pratique puissante. Imagine le pouvoir de ressentir chaque moment de gratitude avec une profonde conscience, de voir chaque aspect de ta vie comme une bénédiction. C'est cette gratitude consciente qui ouvre ton cœur, renforçant ainsi ton charisme à travers une énergie positive et reconnaissante.

La pleine conscience transforme ta relation avec le temps. Imagine le pouvoir de ne pas être constamment dirigé par la montre, mais plutôt d'apprécier pleinement chaque instant qui passe. C'est cette relation équilibrée avec le temps qui te permet de créer une vie riche en qualité plutôt qu'en quantité, renforçant ainsi ton charisme à travers une présence détendue.

La compassion envers soi-même est un aspect vital de la pleine conscience. Imagine le pouvoir de traiter tes pensées et émotions avec une bienveillance totale, de reconnaître que tu es humain et que l'imperfection est une partie naturelle de l'existence. C'est cette compassion envers soi-même qui crée un espace intérieur empreint de gentillesse, renforçant ainsi ton charisme à travers une présence aimante.

La pleine conscience dans les relations interpersonnelles crée une connexion authentique.

Imagine le pouvoir d'être pleinement présent pour les autres, d'écouter avec une attention totale, de répondre plutôt que de réagir. C'est cette présence consciente qui établit des connexions profondes, renforçant ainsi ton charisme à travers la qualité de tes relations.

La réflexion consciente est un pilier de la pleine conscience. Imagine le pouvoir de prendre du recul, d'observer tes pensées et émotions de manière objective, de prendre des décisions éclairées plutôt que réactives. C'est cette réflexion consciente qui élargit ta perspective, renforçant ainsi ton charisme à travers une sagesse éclairée.

La pleine conscience te connecte à la beauté du monde qui t'entoure. Imagine le pouvoir de regarder un coucher de soleil, d'admirer la nature, de ressentir la vie palpitante autour de toi avec une appréciation profonde. C'est cette connexion à la beauté qui élargit ton cœur, renforçant ainsi ton charisme à travers une sensibilité accrue.

La pleine conscience te libère de l'emprise des pensées négatives et répétitives. Imagine le pouvoir de ne pas être constamment absorbé par le bavardage mental, mais plutôt de choisir délibérément où tu diriges ton attention. C'est cette liberté intérieure qui te permet de rester calme et centré même dans des situations stressantes, renforçant ainsi ton charisme à travers une stabilité émotionnelle.

La simplicité devient une valeur précieuse dans la pratique de la pleine conscience. Imagine le pouvoir de choisir délibérément une vie simple, de se détacher du besoin constant d'accumuler des possessions matérielles. C'est cette simplicité qui crée un espace intérieur non encombré, renforçant ainsi ton charisme à travers une authenticité épurée.

La pleine conscience t'invite à être un observateur neutre de tes pensées et émotions. Imagine le pouvoir de ne pas être identifié à chaque pensée qui traverse ton esprit, de voir les émotions comme des nuages passant dans le ciel de ta conscience. C'est cette détachement bienveillant qui te permet de naviguer avec grâce à travers les hauts et les bas de la vie, renforçant ainsi ton charisme à travers une stabilité intérieure.

En conclusion, les pratiques de pleine conscience sont une porte d'entrée vers une vie plus riche, plus épanouissante et plus charismatique. Intègre ces pratiques dans ton quotidien, car chaque moment de pleine conscience devient une pierre précieuse dans la construction de ton charisme authentique.

Chapitre 6 : Établir des Connexions Puissantes

1- Développer son réseau professionnel.

Le développement de ton réseau professionnel, une compétence cruciale qui va bien au-delà de simples échanges de cartes de visite pour devenir une clé majeure du succès dans le monde professionnel. Imagine un réseau qui va au-delà des connexions formelles, une toile tissée de relations authentiques et significatives. À travers ce chapitre, plongeons dans les profondeurs du développement de ton réseau professionnel, découvrant comment cette pratique peut devenir la pierre angulaire de ton charisme grandissant.

Le réseau professionnel est bien plus qu'une liste de contacts. Imagine le pouvoir d'avoir un réseau qui comprend non seulement des collègues, mais aussi des mentors, des collaborateurs potentiels, des leaders d'opinion, et même des amis professionnels. C'est cette diversité dans ton réseau qui le rend riche et dynamique, créant un écosystème professionnel dans lequel tu peux non seulement prospérer, mais aussi contribuer de manière significative.

La construction d'un réseau professionnel commence par la définition claire de tes objectifs. Imagine le pouvoir de savoir exactement ce que tu veux réaliser avec ton réseau que ce soit l'obtention de nouvelles opportunités professionnelles, le partage d'idées innovantes, ou même l'exploration de nouvelles industries. C'est cette clarté qui guide tes actions et te permet de construire un réseau stratégique.

La qualité prime sur la quantité dans le développement de ton réseau professionnel. Imagine le pouvoir d'avoir des relations profondes et significatives avec quelques personnes clés plutôt que de collectionner un grand nombre de contacts superficiels. C'est cette qualité qui te permet d'obtenir un soutien réel et d'offrir une valeur authentique à ton réseau, créant ainsi des connexions durables.

La première étape dans le développement de ton réseau est l'optimisation de ton profil professionnel en ligne. Imagine le pouvoir d'avoir un profil qui reflète fidèlement qui tu es professionnellement, met en avant tes compétences et expériences, et donne envie aux autres de te connaître davantage. C'est cette première impression numérique qui ouvre la porte à de nouvelles opportunités de connexion.

Les événements professionnels sont des occasions inestimables pour développer ton réseau. Imagine le pouvoir de participer à des conférences, des salons professionnels, et des événements de réseautage où tu peux rencontrer en personne des personnes partageant les mêmes idées. C'est cette interaction directe qui humanise les connexions, créant un terrain propice à des relations professionnelles significatives.

La recherche proactive de mentors est une stratégie puissante dans le développement de ton réseau. Imagine le pouvoir de bénéficier de l'expérience et des conseils de personnes qui ont déjà parcouru le chemin que tu envisages. C'est cette relation mentorale qui peut t'apporter des conseils éclairés, ouvrir des portes, et accélérer ton développement professionnel.

Le networking interne au sein de ton entreprise est tout aussi important que le networking externe. Imagine le pouvoir de créer des relations solides avec tes collègues, tes supérieurs et même tes subordonnés. C'est cette solidarité interne qui renforce la culture d'entreprise, créant un environnement où chacun peut contribuer pleinement à la réussite collective.

Les médias sociaux sont des outils puissants dans le développement de ton réseau professionnel. Imagine le pouvoir de partager tes réalisations, d'exprimer tes idées, et de participer à des conversations pertinentes dans ton domaine d'expertise. C'est cette présence en ligne qui te permet de te positionner en tant qu'expert et d'attirer des connexions qui partagent tes intérêts.

La participation active dans des groupes professionnels en ligne est une stratégie efficace. Rejoindre des communautés en ligne où les professionnels partagent des idées, des opportunités d'emploi, et des conseils sectoriels. C'est cette participation active qui élargit ton réseau au-delà de tes contacts directs, créant un écosystème professionnel virtuel.

La création de contenu professionnel est une excellente manière de renforcer ta visibilité et ton expertise. Imagine le pouvoir de publier des articles, de partager des études de cas, ou même de créer des vidéos qui démontrent ta maîtrise de ton domaine. C'est cette contribution de contenu qui te distingue et attire des connexions intéressées par ce que tu as à offrir.

Le réseautage ne se limite pas à la sphère professionnelle formelle. Créer des connexions au sein de groupes bénévoles, d'associations professionnelles, ou même de cercles sociaux informels liés à ton domaine d'activité. C'est cette diversification de ton réseau qui te permet d'explorer des opportunités variées et d'obtenir des perspectives nouvelles.

L'art de poser des questions intelligentes est une compétence clé dans le développement de ton réseau. Imagine le pouvoir de poser des questions qui montrent ton intérêt sincère pour les autres, qui ouvrent la porte à des conversations significatives. C'est cette habileté qui te permet de créer des liens plus profonds, d'apprendre des autres, et de construire des relations authentiques.

La gratitude et la reconnaissance sont des éléments essentiels dans le développement de ton réseau.

Imagine le pouvoir de remercier sincèrement ceux qui t'ont aidé, de reconnaître leurs contributions à ton parcours professionnel. C'est cette gratitude partagée qui renforce les liens et crée un réseau basé sur des relations solides et positives.

L'établissement d'une présence régulière dans les événements professionnels est une stratégie perspicace. Imagine le pouvoir de devenir une figure familière, d'être reconnu pour tes contributions et ta personnalité engageante. C'est cette constance qui te permet de construire une réputation solide, créant ainsi un réseau qui te soutient activement.

La réciprocité est une valeur clé dans le développement de ton réseau professionnel. Donner avant de recevoir, d'offrir ton soutien, tes conseils, ou même tes connexions à d'autres professionnels. C'est cette réciprocité qui crée un réseau fondé sur la confiance mutuelle, où chacun contribue au succès de l'autre.

La persévérance est la clé ultime dans le développement de ton réseau. Imagine le pouvoir de rester engagé, même lorsque les résultats ne sont pas immédiats. C'est cette persévérance qui te permet de construire des relations solides au fil du temps, créant un réseau qui évolue et s'enrichit avec chaque nouvelle connexion.

En conclusion, le développement de ton réseau professionnel est bien plus qu'une série de connexions aléatoires c'est une stratégie délibérée pour construire un écosystème professionnel riche et florissant. Intègre ces pratiques dans ta vie professionnelle quotidienne, car chaque moment où tu investis dans ton réseau devient une pierre précieuse dans la construction de ton charisme authentique.

2- Inspirer et motiver les autres.

Plongeons dans les profondeurs de l'art d'inspirer et de motiver les autres, découvrant comment cette compétence peut devenir la quintessence de ton charisme grandissant.

L'inspiration commence par la clarté de ta vision. Imagine le pouvoir d'avoir une vision audacieuse, une idée claire de ce que tu veux accomplir et de l'impact que tu veux avoir sur les autres. C'est cette clarté qui alimente ton énergie inspirante, créant une direction vers laquelle les autres peuvent être attirés.

La conviction est le socle sur lequel repose l'inspiration. Imagine le pouvoir de croire profondément en ce que tu fais, en tes idées, et en la capacité des autres à réaliser leur potentiel. C'est cette conviction qui transparaît dans ton discours, dans tes actions, et qui inspire la confiance chez ceux qui te suivent.

La passion est le carburant de l'inspiration. Imagine le pouvoir de parler de ce qui te passionne avec une énergie débordante, de partager cet enthousiasme avec les autres. C'est cette passion qui allume des étincelles dans les cœurs, créant une connexion émotionnelle qui transcende les simples mots.

L'authenticité est la clé de l'inspiration durable. Imagine le pouvoir d'être vrai, de partager tes réussites et tes défis, de montrer que tu es humain. C'est cette authenticité qui établit une connexion profonde, créant un terrain fertile pour l'inspiration mutuelle.

L'empathie est un outil puissant pour inspirer les autres. Imagine le pouvoir de comprendre les émotions et les perspectives des autres, de montrer que tu te soucies réellement de leur bien-être. C'est cette empathie qui crée un espace où les autres se sentent compris et soutenus, propice à l'inspiration.

L'exemplarité est la pierre angulaire de l'inspiration. Imagine le pouvoir de montrer, par tes actions, ce que signifie réellement vivre selon tes valeurs et ta vision. C'est cette exemplarité qui inspire les autres à suivre ton exemple, créant un impact bien au-delà de ce que les mots peuvent exprimer.

L'écoute attentive est une compétence essentielle pour inspirer. Imagine le pouvoir de prêter une attention sincère aux préoccupations, aux idées et aux rêves des autres. C'est cette écoute qui montre que tu valorises leurs pensées, créant un lien qui favorise l'inspiration mutuelle.

La narration est une arme puissante pour inspirer. Imagine le pouvoir de raconter des histoires captivantes, de partager des expériences qui résonnent avec les aspirations de ceux qui t'écoutent. C'est cette narration qui crée des images mentales puissantes, stimulant l'imagination et suscitant l'inspiration.

La vision partagée crée une communauté inspirante. Imagine le pouvoir de construire une vision qui transcende l'individu, qui rassemble les autres autour d'un objectif commun. C'est cette vision partagée qui crée une énergie collective, une force synergique qui alimente l'inspiration de chacun.

La reconnaissance des talents et des forces des autres est une clé pour les inspirer. Imagine le pouvoir de voir le potentiel chez les autres, de les encourager à développer leurs compétences et à exploiter leurs forces. C'est cette reconnaissance qui nourrit la confiance et l'estime de soi, créant un terreau fertile pour l'inspiration.

Le feedback constructif est un moyen puissant pour inspirer la croissance. Imagine le pouvoir de donner des retours qui stimulent le développement personnel et professionnel, de montrer aux autres qu'ils sont capables d'évoluer. C'est ce feedback constructif qui crée un environnement propice à l'apprentissage continu et à l'inspiration.

La responsabilité partagée renforce l'inspiration. Imagine le pouvoir de partager les succès et les échecs avec les autres, de montrer que vous êtes tous dans le même bateau. C'est cette responsabilité partagée qui crée un sentiment d'appartenance, une unité qui renforce l'inspiration collective.

La créativité et l'innovation sont des sources inépuisables d'inspiration. Imagine le pouvoir de penser différemment, d'encourager les autres à explorer de nouvelles idées et approches. C'est cette créativité qui suscite l'émerveillement et l'enthousiasme, stimulant une inspiration qui transcende les limites conventionnelles.

La célébration des succès, même les plus petits, est un moyen de maintenir l'inspiration. Imagine le pouvoir de reconnaître et de célébrer chaque étape accomplie, de créer un environnement où le progrès est valorisé. C'est cette célébration qui alimente le sentiment de réussite et renforce la motivation à aller plus loin.

La résilience face aux défis inspire les autres à persévérer. Imagine le pouvoir de faire preuve de résilience dans l'adversité, de montrer que les difficultés ne sont que des opportunités déguisées. C'est cette résilience qui inspire les autres à faire face aux défis avec courage, créant une culture de persévérance.

La responsabilité sociale et environnementale peut être une source puissante d'inspiration. Imagine le pouvoir de contribuer à des causes qui dépassent l'individu, de montrer que le succès personnel peut également bénéficier à la société. C'est cette responsabilité qui inspire les autres à s'engager dans des actions qui ont un impact positif, créant une communauté motivée par un objectif commun.

La mentorat est une façon concrète d'inspirer la croissance. Imagine le pouvoir de guider et d'encourager les autres dans leur parcours professionnel, de partager tes connaissances et expériences. C'est ce mentorat qui crée une chaîne d'inspiration, propageant la croissance à travers les générations professionnelles.

En conclusion, inspirer et motiver les autres est une compétence transcendante qui va bien au-delà du simple encouragement.

Chapitre 7 : S'Adapter aux Différents Contextes

1- Charisme en situation professionnelle.

Le charisme en situation professionnelle, une qualité magnétique qui transcende les compétences techniques pour devenir un catalyseur essentiel du succès dans le monde des affaires. Imagine un environnement où ta présence seule suscite la confiance, où ta communication magnétique inspire l'action, et où ton leadership charismatique forge des relations durables. À travers ce chapitre, plongeons dans les profondeurs du charisme en contexte professionnel, découvrant comment cette compétence peut devenir la clé maîtresse de ton ascension et de ton influence.

Le charisme professionnel repose sur la confiance en soi. Imagine le pouvoir de marcher dans une salle de réunion avec une confiance tranquille, de savoir que tu as les compétences et les qualités nécessaires pour exceller. C'est cette confiance en soi qui attire naturellement l'attention, créant une aura magnétique qui influence positivement ceux qui t'entourent.

La communication charismatique est une arme puissante en milieu professionnel. Imagine le pouvoir de parler avec clarté et impact, de captiver ton auditoire avec des idées convaincantes. C'est cette communication charismatique qui transcende les simples mots pour créer une connexion émotionnelle, un lien qui renforce l'influence et la persuasion.

L'empathie au travail est un pilier du charisme professionnel. Imagine le pouvoir de comprendre les besoins et les préoccupations de tes collègues, de montrer que tu te soucies de leur bien-être. C'est cette empathie qui crée un environnement où les relations sont construites sur la compréhension mutuelle, renforçant ainsi le tissu relationnel au sein de l'équipe.

Le leadership charismatique inspire l'action et la collaboration. Imagine le pouvoir de diriger avec charisme, de motiver ton équipe à atteindre des objectifs ambitieux. C'est ce leadership charismatique qui transcende l'autorité formelle, créant un environnement où les membres de l'équipe sont intrinsèquement motivés à donner le meilleur d'eux-mêmes.

L'humilité est une composante souvent négligée du charisme professionnel. Imagine le pouvoir de reconnaître les contributions des autres, de partager les succès et d'accepter les erreurs avec humilité. C'est cette humilité qui crée un environnement où les relations sont empreintes de respect mutuel, favorisant ainsi une culture de collaboration.

La maîtrise émotionnelle est une clé du charisme en milieu professionnel. Imagine le pouvoir de rester calme et centré, même dans des situations stressantes. C'est cette maîtrise émotionnelle qui dégage une énergie positive, créant un environnement où les autres sont inspirés par ta stabilité.

L'authenticité est non négociable dans l'exercice du charisme professionnel. Imagine le pouvoir de rester fidèle à tes valeurs, de montrer qui tu es réellement dans toutes les situations. C'est cette authenticité qui crée une connexion profonde avec les autres, établissant une confiance qui est la pierre angulaire du charisme.

La gestion habile des conflits est une compétence charismatique. Imagine le pouvoir de résoudre les désaccords avec tact et diplomatie, de transformer les conflits en opportunités de croissance. C'est cette gestion habile des conflits qui crée un environnement où les relations sont renforcées par la compréhension mutuelle.

La présence charismatique est tangible, même à travers des canaux virtuels. Imagine le pouvoir de faire sentir ta présence même lors de réunions virtuelles, de communiquer avec une énergie positive qui transcende les barrières numériques. C'est cette présence charismatique qui crée une connexion authentique, peu importe la plateforme utilisée.

L'influence charismatique s'appuie sur la persuasion éthique. Imagine le pouvoir de convaincre les autres de manière éthique, de les inspirer à agir pour le bien commun. C'est cette persuasion charismatique qui suscite l'adhésion volontaire, créant une dynamique où les autres choisissent de suivre non par obligation, mais par conviction.

La créativité charismatique stimule l'innovation. Imagine le pouvoir de générer des idées novatrices, d'encourager la créativité au sein de ton équipe. C'est cette créativité charismatique qui crée un environnement où l'innovation prospère, propulsant l'entreprise vers de nouveaux horizons.

La gestion du temps et des priorités avec efficacité est une composante du charisme professionnel. Imagine le pouvoir de gérer tes responsabilités de manière organisée, de montrer que tu peux atteindre des objectifs tout en maintenant un équilibre. C'est cette gestion du temps charismatique qui crée une inspiration par l'exemple, motivant les autres à optimiser leur propre productivité.

La résolution de problèmes avec créativité est une compétence charismatique. Imagine le pouvoir de trouver des solutions novatrices, de faire preuve de résilience face aux défis. C'est cette capacité à résoudre les problèmes avec créativité qui inspire la confiance, créant un environnement où les obstacles sont perçus comme des opportunités.

L'adaptabilité est une vertu du charisme professionnel. Imagine le pouvoir de naviguer avec agilité dans un environnement en constante évolution, de montrer que tu peux ajuster ta stratégie en fonction des circonstances. C'est cette adaptabilité charismatique qui crée une culture d'entreprise résiliente et tournée vers l'avenir.

L'apprentissage continu et le développement personnel sont des piliers charismatiques. Imagine le pouvoir de montrer que tu es engagé dans un processus constant d'apprentissage et d'amélioration, de stimuler cette même mentalité au sein de ton équipe. C'est cet engagement envers le développement qui inspire l'innovation et la croissance.

La gestion du stress avec sérénité est une compétence charismatique. Imagine le pouvoir de rester calme et focalisé même dans des moments de pression intense. C'est cette gestion du stress charismatique qui diffuse une énergie positive, créant un environnement où la confiance règne même dans les situations les plus complexes.

La reconnaissance des talents et des succès des autres est une pratique charismatique. Imagine le pouvoir de célébrer les réussites de ton équipe, de reconnaître les contributions individuelles. C'est cette reconnaissance charismatique qui renforce le moral, créant un environnement où chacun se sent valorisé et inspiré à donner le meilleur de lui-même.

La responsabilité sociale et environnementale renforce le charisme professionnel. Imagine diriger une entreprise qui prend en compte son impact sur la société et l'environnement, de montrer que le succès va de pair avec la responsabilité. C'est cette responsabilité charismatique qui attire des talents engagés et crée une image d'entreprise respectée.

En conclusion, le charisme en situation professionnelle va bien au-delà de l'apparence extérieure et des compétences techniques.

2- Charisme dans la vie personnelle.

Imagine un monde où ton charisme personnel crée des liens profonds, inspire la confiance et enrichit chaque interaction quotidienne. Plongeons dans les profondeurs du charisme dans la vie personnelle, découvrant comment cette compétence peut devenir la clé maîtresse de ton épanouissement et de ton impact positif sur ceux qui t'entourent.

Le charisme personnel commence par une authentique connaissance de soi. Avoir le pouvoir de comprendre tes valeurs, tes passions, et ce qui te rend unique. C'est cette connaissance profonde de soi qui te permet d'exprimer ton authenticité, créant une présence magnétique qui attire naturellement les autres.

La confiance en soi est le pilier du charisme dans la vie personnelle. Imagine pouvoir marcher dans n'importe quelle situation avec une confiance tranquille, de savoir que tu es digne d'amour et de respect. C'est cette confiance en soi qui crée une aura magnétique, inspirant la confiance chez ceux qui t'entourent.

L'empathie personnelle est une qualité charismatique. Imagine le pouvoir de comprendre les émotions et les expériences des autres, de montrer que tu te soucies réellement de leur bien-être. C'est cette empathie qui crée des connexions émotionnelles profondes, nourrissant des relations qui vont au-delà de la surface.

La communication charismatique dans la vie personnelle transcende les simples mots. Imagine pouvoir parler avec éloquence, d'utiliser le langage non verbal pour exprimer tes sentiments et idées. C'est cette communication charismatique qui crée une connexion authentique, favorisant une compréhension mutuelle.

Le charisme personnel englobe la capacité à inspirer et à motiver les autres. Imagine le pouvoir de susciter l'enthousiasme chez ceux qui t'entourent, de les encourager à atteindre leurs objectifs. C'est cette capacité à inspirer qui enrichit les relations, créant un environnement propice à la croissance personnelle.

La gratitude et la positivité sont des éléments clés du charisme personnel. Imagine le pouvoir de reconnaître et d'apprécier les aspects positifs de ta vie et de celle des autres. C'est cette attitude de gratitude qui irradie une énergie positive, créant un environnement où le bien-être prospère.

L'humilité personnelle est une composante essentielle du charisme. Imagine le pouvoir de reconnaître tes erreurs, de partager tes succès avec modestie. C'est cette humilité qui crée un terrain d'entente émotionnel, renforçant les liens et établissant une confiance profonde.

La résilience personnelle est une compétence charismatique. Imagine le pouvoir de faire face aux défis avec courage et persévérance, de montrer que tu peux rebondir après des épreuves. C'est cette résilience qui inspire les autres à surmonter leurs propres obstacles.

L'écoute active est une compétence charismatique dans la vie personnelle. Ecouter les autres, montrer un intérêt sincère pour leurs pensées et leurs sentiments. C'est cette écoute active qui renforce les relations, créant un espace où chacun se sent entendu et compris.

La créativité personnelle alimente le charisme. Imagine le pouvoir de penser de manière innovante, de trouver des solutions créatives aux défis de la vie. C'est cette créativité qui apporte une fraîcheur à tes relations et stimule la croissance personnelle.

L'adaptabilité personnelle est une vertu charismatique. Imagine le pouvoir de naviguer avec grâce à travers les changements de la vie, de montrer que tu peux t'ajuster aux circonstances. C'est cette adaptabilité qui crée une stabilité émotionnelle, inspirant la confiance chez ceux qui t'entourent.

La gestion du stress personnel est une compétence charismatique. Rester calme et centré dans des situations stressantes, de montrer que tu peux gérer les pressions de la vie avec sérénité. C'est cette gestion du stress qui crée un environnement émotionnellement stable, favorisant des relations équilibrées.

La gestion du temps et des priorités dans la vie personnelle est une composante du charisme. Imagine le pouvoir de trouver un équilibre entre les différentes sphères de ta vie, de montrer que tu peux atteindre tes objectifs sans sacrifier ton bien-être. C'est cette gestion habile du temps qui crée un environnement propice à l'épanouissement.

L'amour de soi est au cœur du charisme personnel. Imagine le pouvoir de t'accepter pleinement, de t'aimer avec toutes tes imperfections. C'est cet amour de soi qui rayonne à l'extérieur, créant un magnétisme qui attire l'amour et la positivité.

La spiritualité personnelle est une composante charismatique. Imagine le pouvoir de cultiver une connexion spirituelle, de montrer que tu as un sens de la transcendance et de la signification dans la vie. C'est cette spiritualité qui enrichit ta perspective, créant une aura de sérénité et de sagesse.

La compassion envers soi-même et envers les autres est une vertu charismatique. Imagine le pouvoir de traiter avec douceur tes propres erreurs et celles des autres, de montrer que tu es enclin à comprendre plutôt qu'à juger. C'est cette compassion qui crée un environnement de compréhension mutuelle, nourrissant des relations authentiques.

La responsabilité sociale et environnementale personnelle renforce le charisme. prend des décisions qui ont un impact positif sur la société et l'environnement, et montre que tes actions sont alignées sur des valeurs éthiques. C'est cette responsabilité personnelle qui attire des relations basées sur le respect mutuel.

3- S'adapter aux diverses interactions sociales.

L'adaptabilité sociale commence par une compréhension profonde de soi. Imagine le pouvoir de connaître tes propres valeurs, croyances et limites, ce qui te permet de rester authentique même en t'adaptant aux différentes situations. C'est cette connaissance de soi qui devient la boussole qui guide ton adaptabilité, assurant que tu te présentes toujours de manière cohérente tout en étant flexible.

La capacité à lire les signaux sociaux est un atout précieux dans l'adaptabilité. Imagine pouvoir percevoir les nuances subtiles de la communication non verbale, de comprendre les dynamiques de groupe et les attentes sociales. C'est cette compétence de lecture sociale qui te permet de t'ajuster rapidement, de réagir de manière appropriée à chaque situation.

L'empathie est une clé essentielle pour s'adapter aux diverses interactions sociales. Imagine le pouvoir de comprendre les émotions et les perspectives des autres, de te mettre à leur place. C'est cette empathie qui te guide dans tes interactions, te permettant d'ajuster ton comportement en fonction des besoins et des sentiments des personnes avec lesquelles tu interagis.

La communication efficace est une compétence centrale de l'adaptabilité sociale. Pouvoir t'exprimer clairement, ajuster ton langage et ton ton en fonction de ton auditoire. C'est cette compétence qui te permet de créer des connexions solides, de te faire comprendre et d'éviter les malentendus dans toutes les interactions.

La flexibilité dans la résolution de problèmes sociaux est une compétence d'adaptabilité. Imagine le pouvoir de trouver des solutions créatives aux défis interpersonnels, de changer d'approche lorsque cela est nécessaire. C'est cette flexibilité qui te permet de maintenir des relations saines même lorsque des obstacles se présentent.

L'adaptabilité aux différentes cultures est une facette importante de cette compétence sociale. Imagine le pouvoir de comprendre et d'apprécier les différences culturelles, d'ajuster ton comportement pour respecter les normes et les valeurs de chaque groupe. C'est cette adaptabilité culturelle qui te permet de construire des ponts interculturels et d'enrichir tes relations. La gestion du temps social est une compétence clé pour s'adapter aux diverses interactions. Imagine le pouvoir de naviguer avec efficacité à travers des conversations rapides et des échanges plus longs, de moduler ton temps de parole en fonction du contexte. C'est cette gestion du temps social qui te permet d'être perçu comme attentif et respectueux des autres. L'adaptabilité aux différents niveaux d'intimité est une nuance importante de cette compétence. Imagine le pouvoir de moduler la profondeur de tes interactions en fonction de la relation que tu entretiens avec une personne. C'est cette capacité à ajuster le niveau d'intimité qui te permet de créer des liens appropriés à chaque situation. La résilience sociale est une composante de l'adaptabilité aux interactions difficiles. Imagine le pouvoir de rester calme et centré même lorsque tu fais face à des situations sociales inconfortables, de rebondir rapidement après des moments délicats. C'est cette résilience sociale qui te permet de maintenir des relations positives même dans des circonstances difficiles. L'adaptabilité aux différents contextes professionnels et personnels est une compétence clé. Imagine le pouvoir de te comporter de manière appropriée dans des environnements variés, que ce soit lors d'événements formels, de réunions décontractées ou de moments intimes. C'est cette adaptabilité contextuelle qui te permet d'être à l'aise dans toutes les situations.

L'apprentissage continu est un pilier de l'adaptabilité sociale. Imagine pouvoir tirer des leçons de chaque interaction, de t'améliorer en permanence dans ta manière de t'adapter aux autres. C'est cet engagement envers l'apprentissage qui te permet d'affiner constamment tes compétences sociales.

La conscience de soi en temps réel est une compétence avancée d'adaptabilité. Imagine pouvoir ajuster ton comportement instantanément en fonction des réactions et des signaux des autres, de rester conscient de l'impact de tes actions. C'est cette conscience en temps réel qui te permet d'affiner ton adaptabilité dans l'instant présent.

En conclusion, l'adaptabilité aux diverses interactions sociales est une compétence riche et multidimensionnelle qui peut transformer la qualité de tes relations et de ton impact sur le monde qui t'entoure.

Chapitre 8 : Exercices Pratiques

1- Exercices pour renforcer la confiance en soi.

Au cœur de votre charisme et de votre épanouissement personnel se trouve une force fondamentale: la confiance en soi. Ce chapitre dévoile une série d'exercices pratiques conçus pour alimenter, nourrir et fortifier votre confiance intérieure. Chacun de ces exercices n'est pas simplement une tâche à accomplir, mais une invitation à explorer votre potentiel, à embrasser vos forces et à forger une confiance inébranlable qui illuminera votre chemin vers le succès.

1. La Puissance des Affirmations Positives : Semer les Graines de la Confiance.

Lancez-vous dans le rituel quotidien des affirmations positives. Prenez quelques minutes chaque matin pour répéter des déclarations qui renforcent votre estime de soi. Dites-vous que vous êtes capable, que vous méritez le succès, et que chaque défi est une opportunité de croissance.

2. Le Journal de Gratitudes: Construire sur les Fondations Positives.

Commencez à tenir un journal de gratitudes. Chaque jour, notez trois choses pour lesquelles vous êtes reconnaissant(e). Cela ne seulement cultivera une mentalité positive, mais aussi renforcera la conviction que vous avez les ressources nécessaires pour naviguer à travers la vie.

3. La Posture de la Confiance : Ériger une Colonie de Puissance.

Pratiquez la posture de la confiance. Debout, épaules relevées, tête haute. Cette posture envoie des signaux puissants à votre cerveau, renforçant l'image que vous avez de vous-même. C'est une déclaration physique qui se traduit par une confiance intérieure accrue.

4. Le Défi des Petites Victoires Quotidiennes : Construire la Dynamique du Succès.

Fixez-vous un objectif réalisable chaque jour et célébrez chaque petite victoire. Ces succès quotidiens créeront un élan positif, prouvant que vous êtes capable de surmonter des obstacles et de réaliser des progrès constants.

5. L'Exploration des Forces Personnelles : Cartographie de l'Excellence Intérieure.

Identifiez vos forces personnelles. Qu'il s'agisse de compétences, de caractéristiques de personnalité ou de talents, faites une liste de ce que vous considérez comme vos atouts. En vous concentrant sur ces forces, vous renforcerez votre confiance en votre capacité à exceller.

6. L'Exercice de l'Auto-Compassion : Douceur envers Soi-Même.

Pratiquez l'auto-compassion. Lorsque vous faites face à des difficultés, traitez-vous avec la même gentillesse et compréhension que vous le feriez avec un ami cher. Se donner de la compassion au lieu de s'auto-critiquer renforce la confiance en soi.

7. L'Analyse des Réussites Passées : Source de Confiance Renouvelée.

Faites un voyage dans le passé et revisitez vos réussites. Rappelez-vous des moments où vous avez surmonté des défis et réalisé des accomplissements. Cela vous rappellera que vous avez déjà surmonté des obstacles, renforçant ainsi votre confiance pour l'avenir.

8. La Visualisation de la Réussite : Créer un Film Mental Inspirant.

Fermez les yeux et visualisez votre succès futur. Imaginez chaque détail, ressentez les émotions associées à la réalisation de vos objectifs. Cette visualisation crée un puissant sentiment de confiance en votre capacité à atteindre vos aspirations.

9. Le Défi de l'Action Audacieuse : Briser les Barrières avec Courage.

Identifiez une action que vous avez tendance à éviter en raison de doutes ou de peurs. Défiez-vous de l'entreprendre avec courage. L'accomplissement de ces actions audacieuses renforce votre confiance en vos compétences et votre résilience.

10. Le Cercle de Soutien Positif : S'Entourer de Bienveillance.

Entourez-vous de personnes positives et bienveillantes. Partagez vos objectifs avec ceux qui vous soutiennent inconditionnellement. Le soutien d'un cercle positif renforce votre confiance en créant un environnement propice à la croissance personnelle.

Ces exercices ne sont pas simplement des étapes à suivre, mais des portails vers une confiance en soi qui se construit de l'intérieur. Intégrez-les dans votre quotidien avec engagement et intention. Chaque pratique devient une pierre angulaire, élevant votre confiance en soi et jetant les bases pour un charisme qui rayonne naturellement.

2- Pratiques pour améliorer la communication.

Ces pratiques transcendent les simples mots pour transformer votre communication en une symphonie captivante, où chaque note résonne avec clarté et impact.

1. L'Écoute Active : La Clé d'une Communication Authentique.

L'écoute active va au-delà de simplement entendre les mots. C'est une pratique qui exige de l'attention, de la compréhension et de l'empathie. Lorsque vous écoutez activement, vous créez un espace pour les autres, montrant ainsi que leurs pensées et sentiments sont valorisés. Pratiquez cela régulièrement, et votre charisme s'épanouira à travers votre capacité à véritablement vous connecter avec les autres.

2. La Communication Non Verbale Puissante : Le Langage Silencieux.

Votre langage corporel parle souvent plus fort que vos mots. Pratiquez une communication non verbale puissante en maintenant une posture ouverte, en faisant un contact visuel significatif, et en utilisant des gestes affirmatifs. Une présence physique affirmée renforce la crédibilité et le charisme dans chaque interaction.

3. L'Art de Poser des Questions Perspicaces : Débloquer les Profondeurs de la Conversation.

Posez des questions qui vont au-delà de la surface. Invitez les autres à partager leurs pensées profondes et leurs expériences personnelles. La capacité de poser des questions perspicaces démontre un intérêt authentique pour les autres, élevant ainsi la qualité de vos interactions.

*4. La Maîtrise du Timing dans la Communication :
L'Art de la Séquence Parfaite.*

Apprenez à comprendre et à utiliser le timing à votre avantage. Sachez quand parler, quand écouter, et quand laisser l'espace pour la réflexion. La maîtrise du timing dans la communication crée des moments significatifs et renforce votre charisme en démontrant une présence réfléchie et délibérée.

5. La Communication Assertive : S'Affirmer avec Respect.

Pratiquez la communication assertive en exprimant clairement vos pensées, sentiments et besoins tout en respectant ceux des autres. Cette pratique encourage un échange ouvert et honnête, renforçant votre charisme en montrant que vous avez confiance en votre voix.

6. La Communication Émotionnelle : Connecter par le Cœur.

Développez votre intelligence émotionnelle en comprenant et en exprimant vos propres émotions, tout en reconnaissant celles des autres. La communication émotionnelle crée des connexions authentiques et amplifie votre charisme en montrant une compréhension profonde de la dimension humaine.

7. La Clarté Verbale : Des Mots qui Résonnent.

Choisissez vos mots avec soin pour communiquer de manière claire et concise. Pratiquez l'art de la clarté verbale en évitant le jargon inutile et en utilisant des expressions simples. Des mots bien choisis renforcent votre charisme en permettant une communication fluide et mémorable.

8. L'Adaptabilité Communicationnelle : Se Fondre et Briller.

Sachez vous adapter à votre public. Pratiquez une communication flexible qui prend en compte les besoins et le style de communication de ceux avec qui vous interagissez. L'adaptabilité communicationnelle démontre une sensibilité aux autres, augmentant ainsi votre charisme dans divers contextes.

9. La Communication Positive : Construire des Ponts, Pas des Murs.

Focalisez-vous sur la communication positive en mettant en avant ce qui fonctionne, en encourageant le progrès, et en offrant des éloges sincères. Cette pratique crée un environnement où les autres se sentent valorisés, renforçant votre charisme en tant que source d'inspiration et de soutien.

10. La Communication Éthique : Le Fondement de la Confiance.

Pratiquez une communication éthique en étant honnête, transparent et respectueux envers les autres. La confiance est le pilier de tout charisme authentique, et une communication éthique construit cette confiance de manière solide, créant ainsi une base durable pour votre charisme.

En intégrant ces pratiques dans votre quotidien, vous transformez chaque interaction en une opportunité d'exprimer votre charisme. Ces pratiques vont au-delà des simples conseils pour devenir des habitudes intégrées, façonnant ainsi votre style de communication d'une manière qui rayonne de charisme et d'authenticité.

3- Techniques de pleine conscience pour maîtriser le moment.

La pleine conscience, telle une baguette magique, a le pouvoir de transformer chaque instant en une expérience profonde et significative. Plongeons dans l'art de la pleine conscience, explorant des techniques qui vous permettront de maîtriser le moment présent. Ces pratiques transcendent le tumulte quotidien pour vous guider vers une sérénité intérieure, où chaque instant devient une source de clarté, d'inspiration, et d'épanouissement personnel.

1. La Respiration Consciente : L'Ancre du Présent.

Commencez par la respiration consciente. Pratiquez des cycles de respirations lentes et profondes. Concentrez-vous pleinement sur l'inhalation et l'exhalation. La respiration consciente devient votre ancre, ramenant constamment votre attention au moment présent.

2. La Marche en Conscience : Danse avec la Terre sous tes Pieds.

Transformez chaque pas en une danse avec la terre sous vos pieds. Lorsque vous marchez, ressentez chaque sensation - le contact avec le sol, le balancement des bras. La marche en conscience vous connecte avec l'instant présent à chaque pas.

3. La Pleine Conscience en Mangeant : Un Festin pour les Sens.

Transformez vos repas en rituels de pleine conscience. Prenez le temps de savourer chaque bouchée. Ressentez les textures, goûtez les saveurs. La pleine conscience en mangeant vous permet de vous connecter avec l'acte fondamental de nourrir votre corps.

4. L'Observation des Pensées : Témoin Silencieux de votre Esprit.

Pratiquez l'observation des pensées sans vous y attacher. Imaginez-vous comme un témoin silencieux de votre propre esprit. Lorsque des pensées surviennent, observez-les sans jugement, puis laissez-les partir. Cette pratique cultive un esprit calme et clair.

5. La Pleine Conscience au Travail : Transformer les Tâches Quotidiennes en Rituels.

Intégrez la pleine conscience dans vos tâches quotidiennes. Qu'il s'agisse de répondre à des e-mails, de faire des tâches ménagères ou de travailler sur un projet, faites-le avec une attention complète. Transformez ces moments en rituels significatifs.

6. La Méditation Guidée : Voyage Profond en Soi-Même.

Explorez la méditation guidée pour un voyage profond en vous-même. Utilisez des enregistrements audio ou des applications pour être guidé à travers des visualisations, des affirmations et des moments de tranquillité. La méditation guidée vous offre une porte vers l'introspection et la paix intérieure.

7. La Pleine Conscience du Corps : Explorer Chaque Sensation.

Pratiquez la pleine conscience du corps en explorant chaque partie de vous-même. Dirigez votre attention vers les sensations, les tensions et les détentes. Cette pratique vous connecte avec votre corps et vous ancre dans le moment présent.

8. La Pause de Pleine Conscience : S'Arrêter et Respirer.

Intégrez des pauses de pleine conscience tout au long de votre journée. Que ce soit une pause de quelques minutes pour respirer profondément ou simplement prendre conscience de votre environnement, ces pauses vous permettent de vous reconnecter avec le moment présent.

9. L'Appréciation des Petits Moments : La Magie des Détails.

Cultivez l'appréciation des petits moments. Prenez conscience de la beauté dans les détails - la lueur du soleil à travers les feuilles, le bruit apaisant de la pluie. L'appréciation des petits moments vous offre une perspective nouvelle sur la richesse du moment présent.

10. La Pleine Conscience en Interaction : Connexion Profonde avec les Autres.

Pratiquez la pleine conscience dans vos interactions. Soyez pleinement présent lorsque vous parlez avec quelqu'un, écoutez attentivement et répondez consciemment. La pleine conscience en interaction renforce vos relations en créant une connexion profonde avec les autres.

La pleine conscience devient une toile de fond pour la symphonie de votre vie. En intégrant ces techniques dans votre quotidien, vous devenez le chef d'orchestre de vos expériences, transformant chaque instant en une note mélodieuse dans le concert de votre existence.

4- Technique de la Poignée de Main Charismatique - L'Art de la Première Impression Puissante.

La poignée de main, ce geste simple mais significatif, est bien plus qu'une formalité. Elle est une introduction physique à votre être, une première impression tangible qui peut influencer considérablement la perception que les autres ont de vous. Plongeons dans l'art de la poignée de main charismatique, explorant comment ce geste peut devenir une compétence impressionnante, renforçant votre présence et établissant des connexions durables.

1. La Fermeté Contrôlée : La Confiance à Travers les Doigts.

La poignée de main charismatique commence par la fermeté contrôlée. Évitez l'extrême de la poignée de main trop ferme, qui peut être perçue comme agressive, tout en évitant l'extrême opposé d'une poignée de main molle, qui peut donner l'impression de manque d'assurance. Trouvez l'équilibre parfait, où votre main s'engage avec une fermeté qui transmet confiance et détermination.

2. L'Engagement Visuel : Les Yeux, Fenêtres de la Sincérité.

Accompagnez votre poignée de main d'un engagement visuel franc. Les yeux sont les fenêtres de l'âme, et maintenir un contact visuel pendant la poignée de main démontre une sincérité et une authenticité essentielles. Regardez la personne dans les yeux, montrant ainsi que vous êtes pleinement présent dans le moment et prêt à établir une connexion réelle.

3. La Chaleur de l'Expression Faciale : Sourire avec Conviction.

Un sourire peut illuminer une poignée de main. Exprimez chaleureusement votre joie de rencontrer l'autre personne. Un sourire authentique transmet une énergie positive, créant un lien instantané et rendant la poignée de main mémorable. C'est le début d'une connexion où la bienveillance et la positivité se reflètent dans votre expression faciale.

4. L'Alignement du Corps : Posture de Confiance.

Assurez-vous que votre posture accompagne la poignée de main avec confiance. Tenez-vous droit, les épaules légèrement vers l'arrière. Une posture affirmée renforce l'impression de confiance que vous souhaitez transmettre. Votre corps devrait parler la même langue que votre poignée de main, créant une harmonie dans votre présence physique.

5. L'Adaptabilité Culturelle : Respect des Normes.

Reconnaissez et respectez les différences culturelles en matière de poignée de main. Dans certaines cultures, une poignée de main peut être plus décontractée, tandis que dans d'autres, elle peut être plus formelle. Soyez conscient des nuances culturelles pour vous adapter et établir une connexion respectueuse.

6. La Température de la Main : Ni Trop Chaude, Ni Trop Froide.

La température de votre main peut également jouer un rôle dans une poignée de main charismatique. Évitez des mains trop chaudes et moites, qui peuvent être perçues comme de la nervosité, tout comme des mains trop froides, qui peuvent sembler distantes. Assurez-vous que votre main a une température neutre, offrant ainsi un contact confortable.

7. L'Échange Équilibré : Ni Trop Long, Ni Trop Court.

L'équilibre dans la durée de la poignée de main est crucial. Évitez de la prolonger excessivement, ce qui peut être perçu comme intrusif, tout en évitant une poignée de main trop brève qui peut sembler impersonnelle. Trouvez le juste milieu, où l'échange est suffisamment long pour être significatif, mais pas au point de devenir inconfortable.

8. L'Introduction Polie : Paroles d'Accueil.

Accompagnez votre poignée de main d'une introduction polie. Présentez-vous avec clarté et utilisez un langage positif. Une introduction polie crée une transition fluide à partir de la poignée de main, établissant ainsi une connexion complète.

9. La Réponse à la Pression : S'Adapter au Partenaire.

Adaptez la pression de votre poignée de main en fonction de celle de votre partenaire. Si la personne en face de vous offre une poignée de main ferme, répondez de manière équivalente. Si elle est plus douce, ajustez-vous en conséquence. Cette réponse réfléchie montre une sensibilité à l'autre personne et crée une connexion harmonieuse.

10. La Conclusion Courtoise : Quitter avec Élégance.

Terminez la poignée de main avec élégance. Ne la prolongez pas artificiellement. Une conclusion courtoise, accompagnée peut-être d'un bref remerciement, montre que vous appréciez le contact et laisse une impression positive durable.

La poignée de main charismatique devient ainsi une danse subtile de confiance, d'authenticité et de respect mutuel. Elle transcende le simple geste pour devenir une expression de votre présence charismatique.

5- La Technique du Regard Charmant - Les Yeux, Portails de l'Émotion.

Les yeux sont des portails vers l'âme, et la Technique du Regard Charmant explore l'art subtil de communiquer à travers ces fenêtres de l'émotion. Bien plus qu'un simple contact visuel, cette technique transforme le regard en un langage puissant capable de transmettre confiance, bienveillance, et charme. Dans ce chapitre, plongeons dans l'exploration de la Technique du Regard Charmant, découvrant comment cultiver cette compétence peut magnifier votre présence et renforcer vos relations.

1. La Connexion Profonde : Regarder au-Delà des Surfaces.

La Technique du Regard Charmant commence par la recherche d'une connexion profonde. Lorsque vous regardez quelqu'un, ne vous limitez pas à la surface. Plongez votre regard au-delà des traits physiques pour capturer les émotions et les pensées qui se cachent derrière. Montrez une véritable curiosité pour la personne en face de vous, établissant ainsi une connexion authentique.

2. La Douceur dans le Regard : Bienveillance Émanante.

Infusez votre regard de douceur et de bienveillance. Que ce soit lors d'une conversation ou d'un contact visuel fugace, laissez transparaître dans vos yeux la chaleur de votre bienveillance intérieure. La douceur dans le regard crée un environnement où les autres se sentent compris et appréciés.

3. L'Équilibre du Contact Visuel : Ni Trop Ni Pas Assez.

Trouvez l'équilibre parfait dans le contact visuel. Évitez de regarder de manière intense, ce qui peut être perçu comme trop agressif, tout en évitant de détourner le regard fréquemment, ce qui peut donner l'impression de manque d'assurance. L'équilibre du contact visuel montre une confiance maîtrisée.

4. La Variété des Regards : Adaptabilité Émotionnelle.

Adaptez votre regard en fonction du contexte émotionnel. Exprimez la joie avec des yeux pétillants, la compréhension avec un regard doux, et la détermination avec un regard ferme. La variété des regards démontre votre adaptabilité émotionnelle et renforce votre capacité à communiquer de manière nuancée.

5. La Communication Silencieuse : Échanger sans Mots.

La Technique du Regard Charmant est une forme de communication silencieuse puissante. Pratiquez l'art de transmettre des messages subtils à travers votre regard. Que ce soit pour encourager, rassurer ou exprimer de l'amour, votre regard peut parler plus fort que les mots.

6. L'Intensité Mesurée : Le Regard Profondément Engagé.

Lorsque vous souhaitez créer une connexion plus profonde, engagez-vous avec une intensité mesurée. Laissez votre regard refléter une profonde connexion émotionnelle sans être envahissant. L'intensité mesurée crée des moments significatifs où les autres se sentent réellement vus.

7. L'Éclat de l'Enthousiasme : Des Yeux Qui Rayonnent.

Lorsque vous êtes enthousiaste, laissez vos yeux rayonner. Un éclat d'enthousiasme dans le regard attire naturellement l'attention et crée une énergie positive contagieuse. Les yeux qui rayonnent sont une invitation à partager la joie et à créer une connexion instantanée.

8. La Persistance du Regard : Signe de Respect et d'Attention.

La persistance du regard est un signe de respect et d'attention. Lorsque vous maintenez un contact visuel pendant une conversation, vous montrez que vous êtes pleinement présent et investi dans l'échange. La persistance du regard crée une base solide pour des interactions significatives.

9. La Profondeur Émotionnelle : Reflet des Sentiments.

Laissez la profondeur émotionnelle se refléter dans votre regard. Exprimez vos sentiments avec authenticité, que ce soit de la compassion, de l'empathie, de la compréhension ou de l'affection. La profondeur émotionnelle dans le regard crée des connexions sincères et durables.

10. L'Art de Regarder et de Détourner : Créer une Anticipation.

Savoir quand regarder intensément et quand détourner le regard crée une anticipation subtile. Lorsque vous détournez le regard avant de le ramener, vous suscitez l'intérêt et créez une dynamique engageante. L'art de regarder et de détourner devient une danse charmante de connexion.

La Technique du Regard Charmant, c'est l'art d'utiliser vos yeux comme des instruments de communication puissants. En intégrant ces éléments dans votre quotidien, le regard devient un moyen de transcender les mots, de créer des liens authentiques et de laisser une empreinte durable dans chaque interaction.

6- L'Exercice de Narration Convaincante - Forger des Liens à travers les Mots.

La narration convaincante est une compétence essentielle dans l'arsenal du charisme personnel. C'est l'art de raconter des histoires captivantes qui touchent les cœurs, suscitent l'émotion et créent des liens profonds avec votre public. Ici, nous explorerons l'exercice de narration convaincante, découvrant comment transformer les mots en une force persuasive qui laisse une impression durable.

1. Le Pouvoir des Histoires : Toucher les Émotions.

Les histoires ont un pouvoir unique de toucher les émotions. L'exercice de narration convaincante commence par la reconnaissance de cette force. En racontant des histoires, vous permettez à votre auditoire de s'immerger dans une expérience partagée, créant ainsi des liens émotionnels qui transcendent le discours ordinaire.

Imaginez-vous en train de partager une anecdote personnelle, une expérience qui a marqué votre vie. Plongez dans les détails, évoquez les sensations, les émotions. Que ce soit une victoire inspirante, une leçon apprise à travers l'adversité, ou un moment de vulnérabilité qui a forgé votre caractère, laissez l'histoire résonner authentiquement.

2. La Structure Engageante : Attirer et Captiver.

Une narration convaincante repose sur une structure engageante. Pensez à votre histoire comme à une aventure à dévoiler. Commencez par une introduction qui éveille la curiosité, plongez ensuite dans le développement où les éléments clés de l'histoire se déroulent, et concluez avec une résolution qui laisse une impression durable.

Imaginez-vous transporter votre auditoire dans un voyage, les invitant à suivre chaque tournant de l'intrigue avec fascination. Utilisez des descriptions vivantes pour peindre des images mentales, des dialogues authentiques pour rendre les personnages vivants, et une progression logique pour maintenir l'intérêt. Une structure engageante transforme une simple histoire en une expérience immersive.

3. *L'Authenticité Narrative : Construire la Connexion*

L'authenticité est la clé de toute narration convaincante. Partagez des expériences réelles, des moments de vérité qui résonnent avec votre public. L'exercice de narration convaincante ne consiste pas seulement à raconter des histoires, mais à les vivre pleinement dans le partage. L'authenticité crée une connexion instantanée en permettant à votre public de vous voir comme une personne réelle avec des expériences réelles.

Imaginez-vous partager une histoire qui révèle vos défis, vos triomphes et vos vulnérabilités. Les moments authentiques créent des ponts émotionnels entre vous et votre public, les invitant à s'identifier à votre parcours. L'authenticité narrative devient un moyen puissant de construire des liens durables.

4. La Puissance des Métaphores : Éveiller l'Imagination.

Les métaphores sont des joyaux de la narration convaincante. Elles éveillent l'imagination, permettant à votre public de vivre des concepts abstraits à travers des images tangibles. Utilisez des métaphores pour donner vie à vos idées, pour rendre les messages complexes accessibles et mémorables.

Imaginez-vous décrivant un défi personnel en le comparant à une ascension de montagne. Les difficultés deviennent les pentes escarpées, les triomphes deviennent les sommets atteints. Les métaphores créent une toile visuelle qui rend votre narration non seulement compréhensible, mais aussi inoubliable.

5. L'Émotion au Cœur : Créer une Résonance.

L'émotion est le moteur de toute narration convaincante. Imprégnez vos histoires d'une palette émotionnelle riche. Que ce soit la joie, la tristesse, la surprise, ou l'espoir, laissez les émotions guider votre récit. L'exercice de narration convaincante cherche à créer une résonance émotionnelle qui résonne longtemps après que les mots ont été prononcés.

Imaginez-vous partageant une anecdote qui fait battre le cœur de votre public, qui suscite des sourires, des larmes, ou des moments de réflexion profonde. Les émotions créent une connexion profonde, permettant à votre public de vivre l'histoire avec vous, et de la porter avec eux bien après qu'elle ait été racontée.

6. *La Voix Convaincante : Ton et Intonation.*

La voix est l'instrument par lequel votre narration prend vie. Utilisez un ton convaincant et une intonation variée pour donner de la couleur à votre récit. Imaginez-vous modulant votre voix pour exprimer l'excitation, le suspense, la détermination. La voix devient un véhicule pour véhiculer les nuances émotionnelles de votre histoire.

7. *La Participation du Public : Créer un Dialogue.*

L'exercice de narration convaincante n'est pas un monologue, mais un dialogue. Encouragez la participation de votre public en posant des questions, en invitant à la réflexion, ou en partageant des moments interactifs. Imaginez-vous suscitant des réactions, des rires, des réflexions profondes. La participation du public crée une expérience partagée, renforçant ainsi la connexion.

8. L'Impact Mémorable : Laisser une Trace Indélébile.

La narration convaincante cherche à laisser une trace indélébile dans l'esprit de votre public. Choisissez des histoires qui résonnent avec vos messages clés, des récits qui restent gravés dans la mémoire. Imaginez-vous partageant une histoire qui devient une référence récurrente, une source d'inspiration ou de réflexion pour votre public.

9. La Conclusion Réfléchie : Clôture Émotionnelle.

Concluez votre récit avec une clôture réfléchie. Laissez une impression émotionnelle durable en ramenant votre public à la réalité avec délicatesse. Imaginez-vous clôturant votre histoire avec une leçon apprise, un appel à l'action, ou un moment de réflexion. La conclusion réfléchie donne une forme cohérente à votre récit, laissant un impact profond.

L'exercice de narration convaincante devient ainsi une danse délicate entre les mots, les émotions, et l'authenticité. En maîtrisant cette compétence, vous transformez chaque récit en une expérience mémorable, forçant des liens durables et influençant positivement votre public. La scène est à vous, et chaque récit devient une note harmonieuse dans la symphonie captivante de votre charisme personnel.

7- La Technique du Sourire Spontané - Illuminer le Monde de la Positivité.

Le sourire spontané est une arme puissante dans l'arsenal du charisme personnel. C'est une lumière qui peut illuminer les interactions, dissiper les tensions, et créer une atmosphère positive où les connexions s'épanouissent. Dans ce chapitre, nous explorerons la Technique du Sourire Spontané, plongeant dans les nuances de cette expression simple mais puissante, et découvrant comment elle peut transformer votre présence de manière magique.

1. L'Énergie Contagieuse : Sourire Comme un Acte de Générosité.

Le sourire spontané est une énergie contagieuse. Lorsque vous souriez, vous offrez un cadeau silencieux au monde qui vous entoure. Imaginez-vous illuminant un espace avec votre sourire, créant une réaction en chaîne où les visages s'illuminent à leur tour. Le sourire devient un acte de générosité qui propage la positivité.

2. L'Authenticité Rayonnante : Sourire du Cœur.

Un sourire spontané provient du cœur. C'est une expression authentique de votre bienveillance intérieure. Imaginez-vous souriant sincèrement, laissant votre joie intérieure rayonner à travers votre visage. L'authenticité rayonnante crée une connexion instantanée, montrant que votre sourire n'est pas simplement une façade, mais une véritable émanation de votre état d'esprit positif.

3. La Puissance du Sourire Oculaire : Des Yeux Qui Pétillent.

Le sourire va au-delà des lèvres, il se transmet à travers les yeux. Imaginez-vous souriant avec vos yeux, les faisant pétiller avec une lueur de joie. La puissance du sourire oculaire crée une connexion plus profonde, montrant que votre positivité n'est pas superficielle, mais qu'elle émane de l'intérieur.

4. L'Influence de l'Environnement : Créer une Atmosphère Positive.

Le sourire spontané a le pouvoir de transformer l'environnement qui vous entoure. Imaginez-vous entrant dans une pièce avec un sourire chaleureux, créant une atmosphère positive qui se répand comme un parfum agréable. L'influence de l'environnement devient une toile sur laquelle votre sourire peint des moments joyeux.

5. La Réponse Positive : Un Pont vers la Connexion.

Le sourire spontané crée un pont vers la connexion. Lorsque vous souriez, vous invitez les autres à répondre de manière positive. Imaginez-vous échangeant des sourires avec des inconnus, créant des moments de connexion éphémères mais significatifs. La réponse positive devient une danse subtile où les sourires s'entrelacent pour former des liens invisibles.

6. La Dissolution des Barrières : Sourire Comme Langage Universel.

Le sourire transcende les barrières culturelles et linguistiques. C'est un langage universel qui communique la joie et la bienveillance sans avoir besoin de mots. Imaginez-vous souriant à quelqu'un dont vous ne partagez pas la langue, créant une connexion instantanée basée sur une compréhension non verbale. La dissolution des barrières devient une démonstration puissante de l'unité humaine à travers le simple acte de sourire.

7. La Capacité à Inspirer : Sourire Comme Source d'Inspiration.

Le sourire spontané a le pouvoir d'inspirer les autres. Imaginez-vous souriant face à des défis, montrant que même dans l'adversité, la positivité peut prévaloir. La capacité à inspirer devient une force motrice qui élève les esprits et incite les autres à adopter une perspective positive.

7. La Réduction du Stress : Sourire Comme Remède Naturel.

Le sourire spontané agit comme un remède naturel contre le stress. Imaginez-vous faisant face à une situation stressante avec un sourire, permettant à cette expression de détendre non seulement votre visage mais aussi votre esprit. La réduction du stress devient un avantage ajouté, montrant que le sourire est une arme secrète contre les rigueurs de la vie quotidienne.

9. La Durée de Vie du Sourire : Un Effet Durable.

Le sourire spontané a une durée de vie durable. Imaginez-vous partageant des sourires qui laissent des empreintes durables dans la mémoire des autres. La durée de vie du sourire devient une contribution positive à la qualité de vie des gens, créant des souvenirs lumineux qui persistent longtemps après que le moment du sourire ait passé.

10. L'Art de Sourire en Toutes Circonstances :
Adaptabilité Émotionnelle.

Le sourire spontané devient un art lorsque vous pouvez le manifester en toutes circonstances. Imaginez-vous souriant non seulement dans les moments de joie, mais aussi dans les défis, montrant une adaptabilité émotionnelle qui résiste aux tempêtes. L'art de sourire en toutes circonstances devient un témoignage de votre résilience intérieure.

Le sourire spontané, c'est l'expression de la positivité qui transcende les frontières et crée des connexions humaines authentiques. En intégrant cette technique dans votre vie quotidienne, vous transformez chaque interaction en un moment lumineux. La scène est à vous, et chaque sourire devient une note joyeuse dans la symphonie captivante de votre charisme personnel.

8- L'Exercice de Feedback Charismatique - Construire et Renforcer les Liens.

L'exercice de feedback charismatique est un pilier essentiel dans la construction et le renforcement des liens interpersonnels. C'est un art qui transcende la simple rétroaction pour devenir une danse subtile de reconnaissance, d'encouragement et de croissance mutuelle. Dans ce chapitre, nous explorerons en profondeur l'importance du feedback charismatique, plongeant dans ses nuances et découvrant comment cette pratique peut élever les relations à un niveau supérieur.

1. La Puissance de la Reconnaissance : Éclairer le Chemin de l'Autre.

Le feedback charismatique commence par la puissance de la reconnaissance. C'est la capacité à percevoir et à célébrer les qualités, les compétences et les actions positives des autres. Imaginez-vous offrant une reconnaissance sincère, éclairant le chemin de ceux qui vous entourent en mettant en lumière leurs réalisations et leurs contributions.

Lorsque vous pratiquez la reconnaissance charismatique, vous transformez votre regard en une loupe positive, vous permettant de repérer les points forts et les réalisations des autres avec une clarté éclatante. C'est un acte qui va au-delà des simples compliments pour devenir une démonstration authentique de gratitude et d'appréciation.

2. L'Art de l'Encouragement : Inspirer la Confiance et l'Épanouissement.

L'exercice de feedback charismatique évolue ensuite vers l'art de l'encouragement. C'est la capacité à inspirer la confiance et l'épanouissement chez les autres en les encourageant à atteindre leur plein potentiel. Imaginez-vous partageant des paroles d'encouragement qui agissent comme un catalyseur pour la croissance, créant un environnement où les autres se sentent soutenus et stimulés.

L'encouragement charismatique ne se contente pas de souligner les réalisations passées, mais il projette également une vision positive de l'avenir. C'est un acte intentionnel qui nourrit la confiance en soi, encourage la prise de risques et crée un élan positif qui propulse les individus vers de nouveaux sommets.

3. L'Écoute Profonde : Créer une Connexion Authentique.

L'exercice de feedback charismatique intègre l'art de l'écoute profonde. C'est la capacité à comprendre véritablement les besoins, les préoccupations et les aspirations des autres. Imaginez-vous écoutant attentivement, créant une connexion authentique où les gens se sentent entendus, compris et valorisés.

Lorsque vous pratiquez l'écoute profonde, vous établissez une base solide pour un feedback significatif. C'est en comprenant pleinement le contexte et les motivations des autres que vous pouvez offrir des commentaires qui sont pertinents, respectueux et alignés avec les objectifs individuels et collectifs.

4. La Précision dans le Feedback : Un Guide pour l'Amélioration Continue.

Le feedback charismatique s'articule autour de la précision. C'est la capacité à fournir des commentaires spécifiques et constructifs qui servent de guide pour l'amélioration continue. Imaginez-vous offrant des conseils qui sont clairs, pertinents et orientés vers des actions concrètes, créant ainsi une voie pour le développement personnel et professionnel.

La précision dans le feedback implique de s'abstenir de généralisations vagues et de se concentrer sur des observations spécifiques. C'est un acte qui démontre une attention particulière à chaque individu, reconnaissant ses forces tout en identifiant des domaines spécifiques où des ajustements peuvent être apportés. C'est un guide qui inspire le progrès et la croissance.

5. L'Équilibre entre Positif et Constructif : Créer un Dialogue Équilibré.

L'exercice de feedback charismatique trouve son équilibre entre le positif et le constructif. C'est la capacité à créer un dialogue équilibré qui célèbre les réussites tout en identifiant des domaines d'amélioration. Imaginez-vous offrant un feedback qui est équilibré, honnête et motivant, créant un terrain d'entente où les autres se sentent soutenus dans leurs efforts d'amélioration.

Lorsque vous trouvez cet équilibre, le feedback devient un outil puissant pour favoriser le développement continu. C'est en reconnaissant les succès que vous renforcez la confiance, tout en identifiant des opportunités d'amélioration que vous encouragez la croissance. C'est un dialogue qui favorise une culture de l'apprentissage et de l'amélioration constante.

6. L'Intégrité dans le Feedback : Construire une Relation de Confiance.

L'exercice de feedback charismatique repose sur l'intégrité. C'est la capacité à fournir des commentaires de manière honnête, respectueuse et alignée avec des principes éthiques. Imaginez-vous offrant un feedback qui reflète vos valeurs fondamentales, construisant ainsi une relation de confiance basée sur la transparence et l'intégrité.

L'intégrité dans le feedback signifie être authentique dans vos commentaires, évitant la fausseté ou l'exagération. C'est un acte qui démontre la crédibilité de vos paroles et renforce la confiance mutuelle. C'est en respectant les principes éthiques que vous établissez un terrain fertile pour des relations interpersonnelles durables.

7. L'Adaptabilité du Feedback : S'Aligner sur les Besoins Individuels.

L'exercice de feedback charismatique est marqué par l'adaptabilité. C'est la capacité à ajuster votre approche en fonction des besoins individuels de chaque personne. Imaginez-vous offrant un feedback qui est personnalisé, tenant compte des styles de communication, des préférences et des objectifs uniques de chaque individu.

L'adaptabilité du feedback implique une compréhension profonde des différences individuelles et une flexibilité dans la manière dont les commentaires sont livrés. C'est un acte qui montre que vous investissez le temps nécessaire pour comprendre les autres et que vous vous engagez dans un processus de développement qui est véritablement personnalisé.

8. L'Amélioration Continue du Feedback : Un Engagement envers la Croissance Mutuelle.

L'exercice de feedback charismatique ne se termine jamais ; il est en constante évolution. C'est un engagement envers l'amélioration continue du processus de rétroaction, une détermination à affiner constamment vos compétences pour construire et renforcer des liens plus significatifs. Imaginez-vous évoluant en tant que donneur de feedback, cherchant toujours des moyens d'affiner votre approche pour favoriser la croissance mutuelle.

Lorsque vous embrassez l'amélioration continue du feedback, vous créez un cercle vertueux où chaque interaction devient une opportunité d'apprentissage. C'est en étant ouvert aux retours d'autrui que vous renforcez vos propres compétences, contribuant ainsi à une culture de l'amélioration continue au sein de vos relations.

9. La Transformation des Relations : De l'Individuel au Collectif.

En fin de compte, l'exercice de feedback charismatique va au-delà de l'impact individuel pour transformer les relations dans leur ensemble. Imaginez-vous contribuant à une culture où le feedback est perçu comme un acte d'amour, de soutien et de croissance mutuelle. C'est en cultivant cette approche charismatique que vous élevez le niveau des relations, créant un tissu social où chacun se sent valorisé, encouragé et inspiré.

En embrassant l'exercice de feedback charismatique, vous devenez un architecte des relations, construisant des ponts qui unissent les gens dans une compréhension profonde et un soutien mutuel. La scène est à vous, et chaque feedback devient une note harmonieuse dans la symphonie captivante de votre charisme personnel.

9- La Technique de la Présence Totale - La Clé d'une Connexion Profonde.

La technique de la présence totale est une pierre angulaire du charisme personnel, une clé qui ouvre la porte à des connexions profondes et significatives. C'est une pratique qui transcende la simple présence physique pour devenir une immersion complète dans le moment présent. Dans ce chapitre, nous explorerons en profondeur la puissance de la présence totale, plongeant dans ses nuances et découvrant comment cette pratique peut transformer chaque interaction en un moment captivant.

1. La Définition de la Présence Totale : Être Pleinement Engagé.

La présence totale va au-delà de simplement être là physiquement. C'est une immersion complète dans l'instant présent, une conscience aiguë de chaque détail de l'expérience actuelle. Imaginez-vous libérant votre esprit des distractions, des soucis du passé et des préoccupations pour l'avenir, pour être pleinement engagé dans le moment qui se déroule devant vous.

Lorsque vous pratiquez la présence totale, vous devenez le témoin conscient de votre expérience. C'est être ici, maintenant, sans être encombré par les pensées ou les préoccupations qui pourraient vous distraire. C'est un acte de pleine conscience qui crée un espace pour une connexion profonde avec les autres et avec le monde qui vous entoure.

2. L'Écoute Active : Un Pilier de la Présence Totale.

L'écoute active est un pilier fondamental de la présence totale. C'est la capacité à écouter non seulement avec vos oreilles, mais avec votre cœur et votre esprit. Imaginez-vous écoutant attentivement, suspendant vos propres pensées et jugements pour être entièrement présent à ce que l'autre personne partage.

Lorsque vous pratiquez l'écoute active, vous créez un espace où les autres se sentent entendus et compris.

C'est un acte de validation qui renforce la connexion en montrant que vous accordez une importance totale à ce qui est partagé. L'écoute active devient ainsi une manifestation concrète de la présence totale dans les interactions interpersonnelles.

3. La Pleine Conscience des Émotions : Être Ouvert et Réceptif.

La pleine conscience des émotions est un élément clé de la présence totale. C'est la capacité à être conscient de vos propres émotions et de celles des autres sans jugement ni réaction impulsive. Imaginez-vous naviguant à travers les nuances émotionnelles du moment présent avec ouverture et réceptivité.

Lorsque vous pratiquez la pleine conscience des émotions, vous créez un espace pour une compréhension empathique. C'est être conscient des signaux émotionnels, des expressions faciales subtiles et des tonalités de voix, et y réagir avec une sensibilité accrue. La pleine conscience des émotions devient ainsi une porte ouverte à des connexions authentiques et profondes.

4. La Conscience du Corps : Être Ancré dans le Moment.

La conscience du corps est un aspect essentiel de la présence totale. C'est la connexion consciente avec votre propre corps et son langage non verbal, ainsi que la perception des signaux corporels des autres. Imaginez-vous ressentant la présence totale à travers chaque fibre de votre être, chaque mouvement, chaque expression.

Lorsque vous pratiquez la conscience du corps, vous devenez plus conscient des subtiles réactions physiques qui accompagnent les expériences. C'est sentir les changements dans la posture, la tension musculaire, ou même les micro-expressions faciales. La conscience du corps devient un moyen de lire les signaux non verbaux et de réagir de manière authentique, renforçant ainsi la connexion.

5. La Clarté Mentale : Libérer l'Esprit des Distractions.

La clarté mentale est un élément crucial de la présence totale. C'est la capacité à libérer votre esprit des distractions mentales, des préoccupations inutiles et des pensées parasites qui pourraient perturber votre engagement dans le moment présent. Imaginez-vous étant pleinement présent, votre esprit libre de divaguer, concentré sur l'instant.

Lorsque vous pratiquez la clarté mentale, vous devenez plus réceptif aux informations qui vous entourent. C'est être capable de se plonger dans une conversation, un projet, ou même une expérience sensorielle sans être distrait par les pensées parasites. La clarté mentale devient une clé pour une présence totale, vous permettant d'apprécier pleinement chaque moment.

6. La Communication Authentique : S'Exprimer avec Sincérité.

La communication authentique est une manifestation de la présence totale. C'est la capacité à s'exprimer avec sincérité, à partager vos pensées et vos sentiments de manière ouverte et honnête. Imaginez-vous communiquant avec une authenticité totale, partageant votre vérité sans réserve, et établissant ainsi une connexion basée sur l'authenticité mutuelle.

Lorsque vous pratiquez la communication authentique, vous créez un espace pour des échanges significatifs. C'est être capable de communiquer vos besoins, vos idées et vos émotions de manière claire et directe, contribuant ainsi à une compréhension mutuelle. La communication authentique devient un reflet de la présence totale, établissant une connexion sincère avec les autres.

7. La Patience et la Tolérance : Cultiver la Bienveillance.

La patience et la tolérance sont des vertus essentielles de la présence totale. C'est la capacité à rester calme et ouvert, même face à des situations difficiles ou des divergences d'opinions. Imaginez-vous cultivant la bienveillance à travers la patience et la tolérance, créant ainsi un espace où les autres se sentent acceptés et compris.

Lorsque vous pratiquez la patience et la tolérance, vous renforcez la qualité de vos interactions. C'est être capable de résoudre les conflits de manière constructive, de comprendre les perspectives différentes, et d'apprécier la diversité d'opinions. La patience et la tolérance deviennent ainsi des fondations pour une présence totale qui favorise la compréhension mutuelle.

8. La Flexibilité : S'Adapter au Flux de l'Expérience.

La flexibilité est une composante dynamique de la présence totale. C'est la capacité à s'adapter au flux de l'expérience sans résistance excessive. Imaginez-vous naviguant avec souplesse à travers les changements, les imprévus et les nuances du moment présent, créant ainsi un espace pour une connexion authentique même dans des situations changeantes.

Lorsque vous pratiquez la flexibilité, vous devenez plus résilient face aux défis et plus ouvert aux opportunités. C'est être capable de changer de cap lorsque c'est nécessaire, de s'ajuster aux besoins des autres, et de maintenir une connexion authentique même dans des circonstances en évolution. La flexibilité devient une clé pour une présence totale qui transcende les contraintes du temps et de la situation.

9. La Durée de la Présence Totale : Cultiver des Connexions Durables.

La présence totale a une durée qui transcende l'instant présent. C'est la capacité à cultiver des connexions durables en restant engagé sur le long terme. Imaginez-vous étant pleinement présent non seulement dans les moments spéciaux, mais aussi dans la continuité des relations, créant ainsi un tissu de connexions profondes qui perdurent au fil du temps.

Lorsque vous pratiquez la durée de la présence totale, vous investissez dans la qualité de vos relations sur le long terme. C'est être là pour les autres non seulement dans les moments de joie, mais aussi dans les défis et les moments difficiles. La durée de la présence totale devient une promesse de soutien constant, renforçant ainsi la qualité et la profondeur de vos connexions.

10. La Transcendance de l'Égo : Créer un Espace pour les Autres.

La transcendance de l'ego est le sommet de la présence totale. C'est la capacité à mettre de côté votre propre ego, vos préoccupations personnelles et vos désirs, pour créer un espace où les autres peuvent être pleinement eux-mêmes. Imaginez-vous transcendant votre ego, créant ainsi un environnement où les autres se sentent libres d'exprimer leur authenticité.

Lorsque vous pratiquez la transcendance de l'ego, vous devenez un véritable catalyseur pour des connexions profondes. C'est être capable de voir au-delà de vos propres besoins et attentes pour accueillir pleinement les autres. La transcendance de l'ego devient une source de générosité et de bienveillance qui alimente des relations authentiques et significatives.

11. La Présence Totale Comme Art de Vivre.

En fin de compte, la présence totale n'est pas simplement une technique, mais un art de vivre. C'est une façon d'être dans le monde qui transforme chaque interaction en une expérience significative. Imaginez-vous intégrant la présence totale dans votre vie quotidienne, créant ainsi une symphonie captivante de moments riches de sens.

En embrassant la présence totale comme un art de vivre, vous devenez le maître du moment. C'est en étant pleinement engagé dans chaque expérience, en écoutant avec le cœur ouvert, en étant conscient des émotions et en étant flexible face au changement que vous créez une vie pleine de connexions authentiques. La scène est à vous, et chaque instant devient une note harmonieuse dans la symphonie captivante de votre charisme personnel.

Conclusion

Au terme de cette exploration captivante, alors que les dernières pages de ce livre se tournent, je me trouve animé par la conviction profonde que la quête du charisme est une aventure infinie. Nous avons parcouru ensemble les paysages variés du développement personnel, traversé les sommets de la confiance en soi, plongé dans les océans de la communication authentique, et navigué à travers les étoiles de la présence totale. Mais comprenons bien ceci : le charisme n'est pas une destination finale, mais plutôt une éternelle progression vers une version plus riche et authentique de soi-même.

Le Charisme comme Art de Vivre.

Imaginez, cher lecteur, que le charisme n'est pas seulement une compétence à acquérir, mais plutôt un art de vivre. C'est la manière dont vous choisissez d'embrasser chaque instant, d'interagir avec les autres, et de façonner votre réalité. Le charisme n'est pas une parure extérieure, mais la lumière intérieure qui éclaire votre chemin et guide les autres vers vous. Dans cette perspective, chaque journée devient une toile vierge où

vous pouvez peindre les couleurs vibrantes de votre
charisme personnel.

La Symphonie du Charisme : Une Composition Personnelle.

Considérez votre charisme comme une symphonie, une
composition personnelle où chaque composant
contribue à une mélodie unique. La confiance en soi,
l'écoute active, la communication authentique, la
présence totale – ces éléments forment les notes de
votre symphonie charismatique. Laissez-vous emporter
par la musique de votre propre charisme, et comprenez
que chaque erreur, chaque apprentissage, et chaque
succès sont des crescendos et des diminuendos qui
enrichissent votre composition.

Conseils du Maître du Charisme.

En tant qu'explorateur audacieux du charisme, voici
quelques conseils qui pourraient illuminer davantage
votre parcours :

1. Cultivez la Patience :

La route du charisme peut être parsemée de défis et d'occasions d'apprentissage. Soyez patient avec vous-même. Chaque pas en avant, peu importe sa taille, vous rapproche de la maîtrise du charisme.

2. Célébrez Vos Victoires, Apprenez de Vos Défis :

Chaque victoire, chaque moment où votre charisme brille, mérite d'être célébré. De même, chaque défi est une invitation à apprendre et à grandir. Ne craignez pas les erreurs, car ce sont souvent elles qui sculptent le chemin vers la maîtrise.

3. Restez Curieux :

La curiosité est la lanterne qui éclaire le chemin de la croissance personnelle. Restez curieux envers vous-même, envers les autres, et envers les multiples facettes du charisme. C'est dans la curiosité que résident les graines de la découverte continue.

4. Soyez Authentique :

L'authenticité est le fondement du charisme. Ne cherchez pas à imiter les autres, mais explorez et exprimez votre véritable essence. C'est en étant fidèle à vous-même que votre charisme brillera le plus intensément.

5. Engagez-vous dans l'Amélioration Continue :

La maîtrise du charisme est un voyage sans fin d'amélioration continue. Restez engagé dans votre développement personnel, explorez de nouvelles perspectives, et cherchez constamment des moyens de devenir une version plus charismatique de vous-même.

6. Inspirez les Autres :

Le charisme ne se limite pas à son impact sur vous-même, mais s'étend également à son influence sur les autres. Inspirez ceux qui vous entourent à développer leur propre charisme, partagez vos expériences et encouragez la croissance mutuelle.

7. Créez des Connexions Profondes :

Au-delà de l'aura extérieure, le véritable charisme réside dans la création de connexions authentiques. Cherchez à comprendre les autres, partagez vos histoires, et tissez des liens qui transcendent la superficialité. Dans ces connexions, le charisme trouve son terrain le plus fertile.

La Quête Continue.

Alors que vous embarquez ou continuez votre quête du charisme, rappelez-vous que chaque journée offre une opportunité de renouveau. Vous êtes l'auteur de votre propre histoire charismatique, et chaque chapitre, chaque défi surmonté, ajoute de la profondeur à votre récit.

Que cette exploration du charisme demeure une source d'inspiration, un guide dans les moments d'incertitude, et un rappel constant que le potentiel pour la maîtrise du moment réside en vous. En avançant, souvenez-vous que la quête du charisme est une invitation constante à grandir, à explorer, et à embrasser la beauté infinie de chaque instant.

Que votre voyage vers la maîtrise du charisme soit empreint de découvertes passionnantes, de moments authentiques, et de connexions profondes. Vous êtes le héros de cette épopée, et la scène est à vous pour créer une vie imprégnée de charisme et de significations infinies. La symphonie continue, et le maître du charisme que vous êtes destiné à devenir écrit chaque note avec une plume guidée par la passion et la présence totale. La scène est à vous, que votre charisme personnel continue à éclairer le monde qui vous entoure. Bon voyage, cher lecteur, sur le chemin sans fin du charisme.